Judith und Ulrich Lüttringhaus

Das große Geobrett

Karteikarten für den Unterricht

Band 1: Geometrische Konstruktionen

Kopiervorlagen mit Lösungen

Gedruckt auf umweltbewusst gefertigtem, chlorfrei gebleichtem
und alterungsbeständigem Papier.

1. Auflage 2009
Nach den seit 2006 amtlich gültigen Regelungen der Rechtschreibung
© by Brigg Pädagogik Verlag GmbH, Augsburg
Alle Rechte vorbehalten.
Das Werk und seine Teile sind urheberrechtlich geschützt. Jede Nutzung in anderen als den gesetzlich zugelassenen Fällen bedarf der vorherigen schriftlichen Einwilligung des Verlages.
Hinweis zu § 52 a UrhG: Weder das Werk noch seine Teile dürfen ohne eine solche Einwilligung eingescannt und in ein Netzwerk eingestellt werden. Dies gilt auch für Intranets von Schulen und sonstigen Bildungseinrichtungen.
Fotos: Ulrich Lüttringhaus

ISBN 978-3-87101-427-7   www.brigg-paedagogik.de

Inhalt

1. Einleitung

1.1 Vorbemerkungen 4

1.2 Das Geobrett in der Montessoripädagogik 4

1.3 So benutze ich das Buch 4

1.4 Lehrplanbezug 5
    1.4.1 Hauptschule 5
    1.4.2 Realschule 5
    1.4.3 Gymnasium 5

2. Allgemein

2.1 Einführung 6
    2.1.1 Räumliches Sehen 6
    2.1.2 Das Koordinatensystem 6

2.2 Aufgabenkarten 7
    2.2.1 Räumliches Sehen 7
    2.2.2 Das Koordinatensystem 13

3. Geometrische Konstruktionen

3.1 Einführung 23
    3.1.1 Achsenspiegelung horizontal und vertikal 23
    3.1.2 Achsenspiegelung diagonal 23
    3.1.3 Lot fällen und errichten 24
    3.1.4 Mittelsenkrechte finden 25
    3.1.5 Parallele finden 26

3.2 Aufgabenkarten 27
    3.2.1 Achsenspiegelung horizontal und vertikal 27
    3.2.2 Achsenspiegelung diagonal 39
    3.2.3 Lot fällen und errichten 51
    3.2.4 Mittelsenkrechte finden 59
    3.2.5 Parallele finden 67

4. Anhang

4.1 Bauanleitung „Geobrett" für den Werkunterricht 75

4.2 Kopiervorlage „Geobrett" 76

4.3 Hinweiskarten zur Aufgabenstellung und -bearbeitung 77

1. Einleitung

1.1 Vorbemerkungen

Vielseitig verwendbar

Das große Geobrett ist vielseitig verwendbar. Im Geometrieunterricht können die Schülerinnen und Schüler das räumliche Sehen trainieren und das Koordinatensystem kennenlernen. Zudem ist es möglich, die Eigenschaften von Flächen zu erarbeiten und die Kenntnisse darüber zu festigen. Auch die Berechnung von Flächen kann selbst erarbeitet, eingeführt und gefestigt werden.

Lernen mit Auge, Hand und Herz

Das Spannen und Konstruieren von Strecken, Geraden und Flächen mit einem Faden oder Gummi auf dem Geobrett ist eine Methode, die verschiedene Sinne anspricht. Das Spannen vermittelt nicht nur **optische** Eindrücke, sondern wird auch zu einem **haptischen** Erlebnis. Zudem haben die Schülerinnen und Schüler durch den Umgang mit dem Material und die Abwechslung im Unterrichtsalltag zusätzlich **Spaß** an der neuen Art der Aufgabenstellung.

1.2 Das Geobrett in der Montessoripädagogik

Hilf mir, es selbst zu tun!

Die Arbeit mit dem großen Geobrett erfüllt auch die Anforderungen, welche die Montessoripädagogik an Lernmaterialien stellt. Sie regt die Schülerinnen und Schüler an zu:
- eigenverantwortlichem Arbeiten
- Selbsttätigkeit
- Selbstkontrolle

1.3 So benutze ich das Buch

Hinweiskarten

Die Hinweiskarten (zu finden im Anhang) beschreiben die verschiedenen Aufgabenstellungen und geben Bearbeitungshinweise. Es ist es sinnvoll, sie auf farbigen Karton zu kopieren, damit sie sich von den Aufgabenkarten unterscheiden. Die Hinweiskarten sollten im Karteikasten immer *vor* den Aufgabenkarten der jeweiligen Gruppe eingeordnet sein.

Kopiervorlagen für Karteikarten mit den Lösungen

Im Buch folgen auf die Einführung in das Thema immer die Aufgabenkarten mit den jeweiligen Lösungen auf der Rückseite (Ausnahme: räumliches Sehen). Wir empfehlen, die Vorder- und die Rückseite auf einen Karton zu kopieren und dann die einzelnen Karteikarten auszuschneiden. Sie können die Karten natürlich auch laminieren.

Nutzung 1: Zur Einführung der Themen

Falls Sie die Karteikarten zur Einführung in ein Thema verwenden wollen, müssen diese für jeden Schüler kopiert werden. Für einen Lehrer-Schüler-Dialog reicht es aus, Aufgaben und Lösungen auf eine Folie zu kopieren.

Vorschläge zur Einführung werden zu Beginn der einzelnen Kapitel gemacht.

Nutzung 2: Für die Freiarbeit und zur Wiederholung

Bei der Nutzung der Karteikarten durch die Schüler in einer Freiarbeitsphase kann es ausreichen, die Karteikarten 3- oder 4-mal zu kopieren und in Karteikästen zu deponieren, sodass die Schülerinnen und Schüler diese bei Bedarf holen können.

1.4 Lehrplanbezug (Bayern)

1.4.1 Hauptschule

Klasse	Lehrplaninhalt	Das große Geobrett - Band 1: Inhalt
5	5.3.2 Koordinatensystem, Achsenspiegelung	Koordinatensystem, Achsenspiegelung
6	6.3.1 Geometrische Figuren und Beziehungen, Parallelverschiebung, Drehung	Koordinatensystem, Parallele finden
8	8.3.1 Geometrische Flächen und geometrisches Zeichnen	Lot fällen, Mittelsenkrechte finden, Parallele finden
9	9.3.1 Geometrische Flächen und geometrisches Zeichnen	Lot fällen, Mittelsenkrechte finden, Parallele finden

1.4.2 Realschule

Klasse	Lehrplaninhalt	Das große Geobrett - Band 1: Inhalt
5	5.4 Geometrische Grundformen und geometrische Grundbegriffe	Strecke, Gerade, Achsenspiegelung, Parallele finden
6	6.8 Achsenspiegelung	Achsenspiegelung, Mittelsenkrechte konstruieren
7	7.4 Parallelverschiebung 7.7 Geometrische Ortslinien und Ortsbereiche	Achsenspiegelung, Parallele finden, Mittelsenkrechte

1.4.3 Gymnasium

Klasse	Lehrplaninhalt	Das große Geobrett - Band 1: Inhalt
5	5.2 Weiterentwicklung geometrischer Grundvorstellungen	Koordinatensystem, Achsenspiegelung
7	7.1 Figurengeometrie: vom Zeichnen und Beschreiben zum Konstruieren und Begründen 7.1.1 Achsen- und punktsymmetrische Figuren	Achsenspiegelung, Mittelsenkrechte finden, Lot fällen

2. Allgemein

2.1 Einführung

2.1.1 Räumliches Sehen

Ziele:

- Das räumliche Sehen wird gefördert.
- Die Konzentrationsfähigkeit wird gefördert.

In der **Freiarbeit** oder in der **Wochenplanarbeit** können die Schülerinnen und Schüler selbstständig die Karteikarten bearbeiten.

In geleiteten Unterrichtsphasen kann das Material aber auch dazu benutzt werden, die Kompetenzen in Bezug auf das räumliche Sehen zu **diagnostizieren**. In einem nächsten Schritt kann dann mithilfe der Karteikarten an dabei erkannten Defiziten gearbeitet werden.

2.1.2 Das Koordinatensystem

Ziel:

- Die Schülerinnen und Schüler erlernen den Umgang mit dem Koordinatensystem.

Folie zur Einführung:

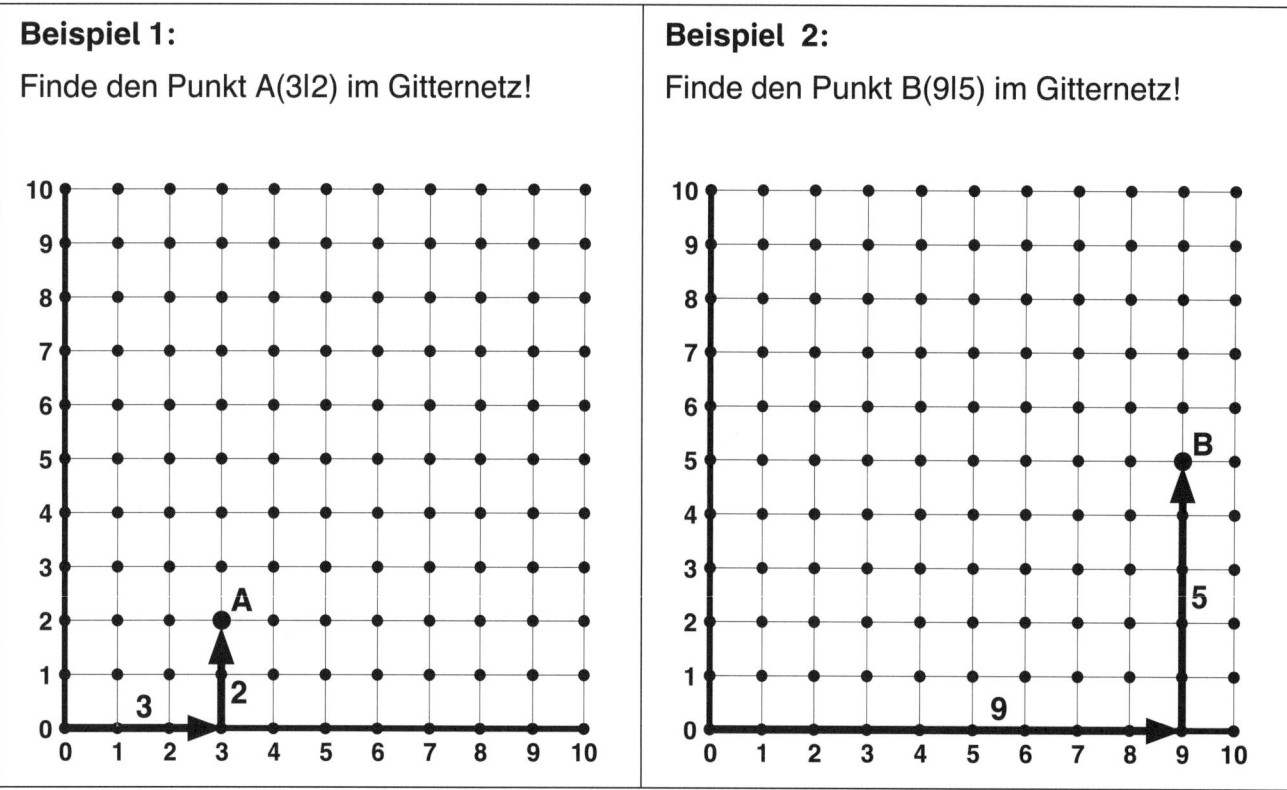

Regel:

Erst rechts ➔, dann hoch ↑!

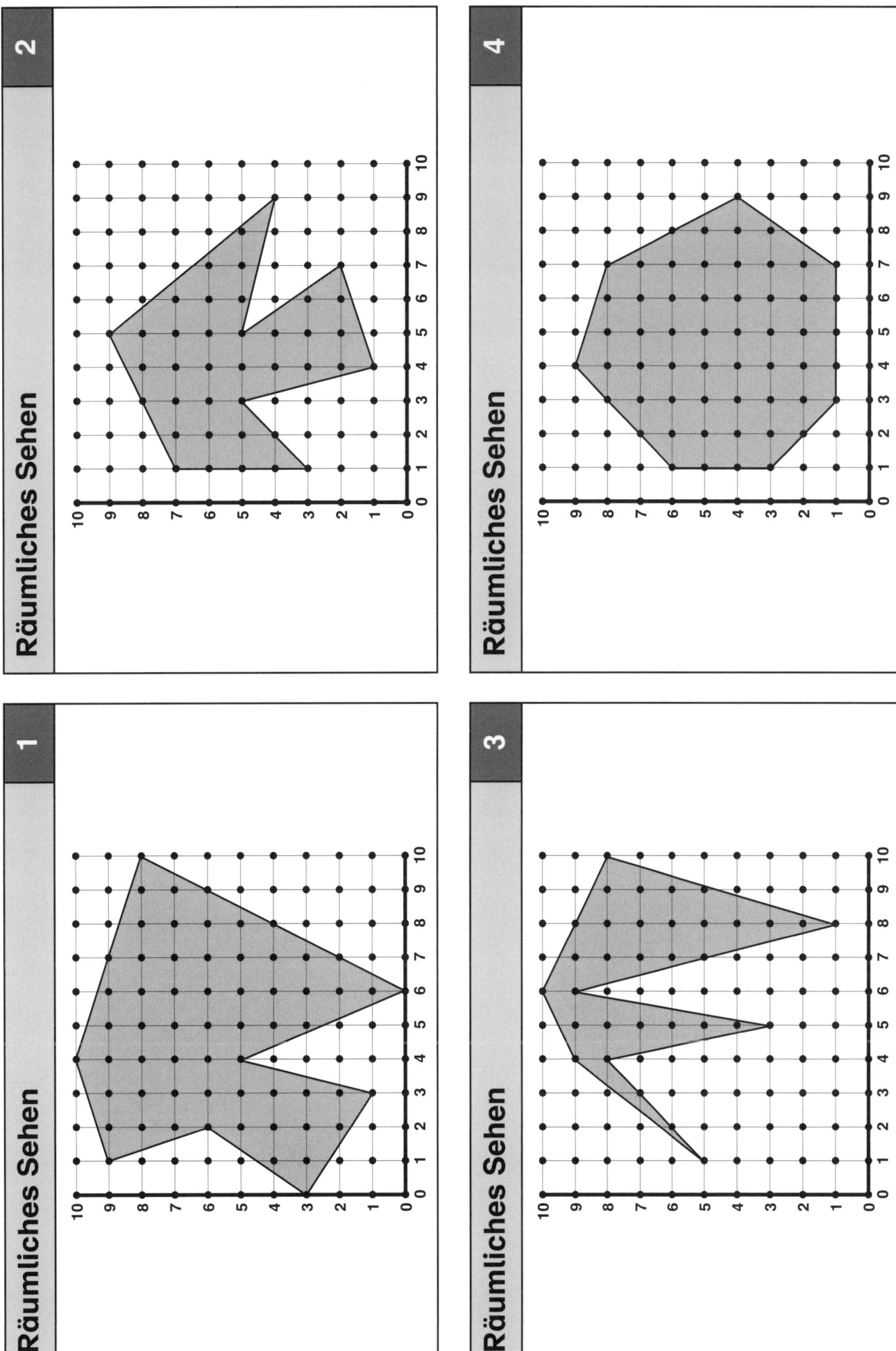

Räumliches Sehen 5
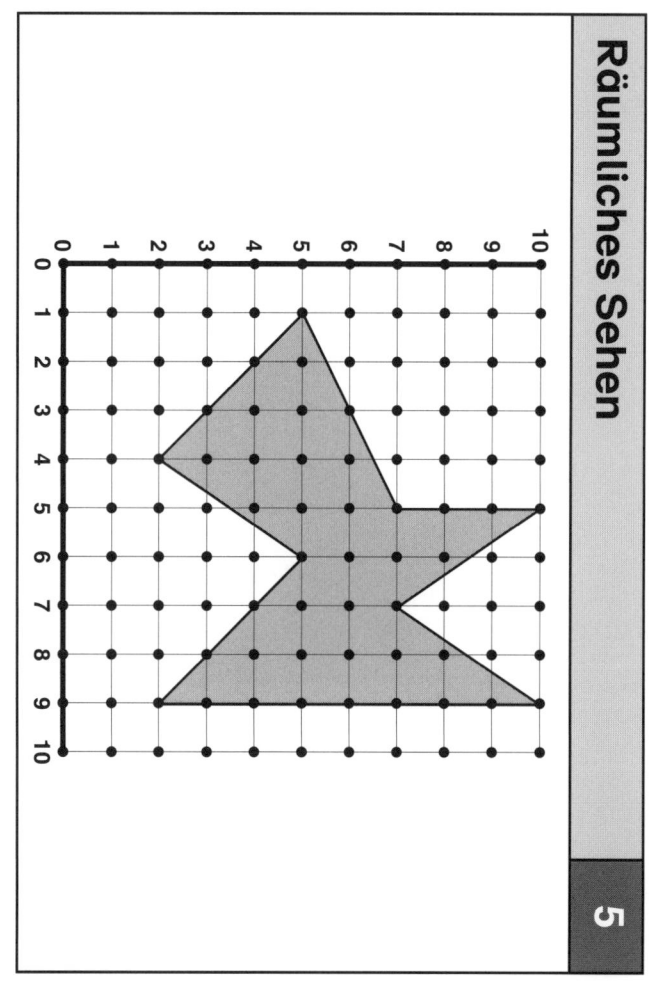

Räumliches Sehen 7
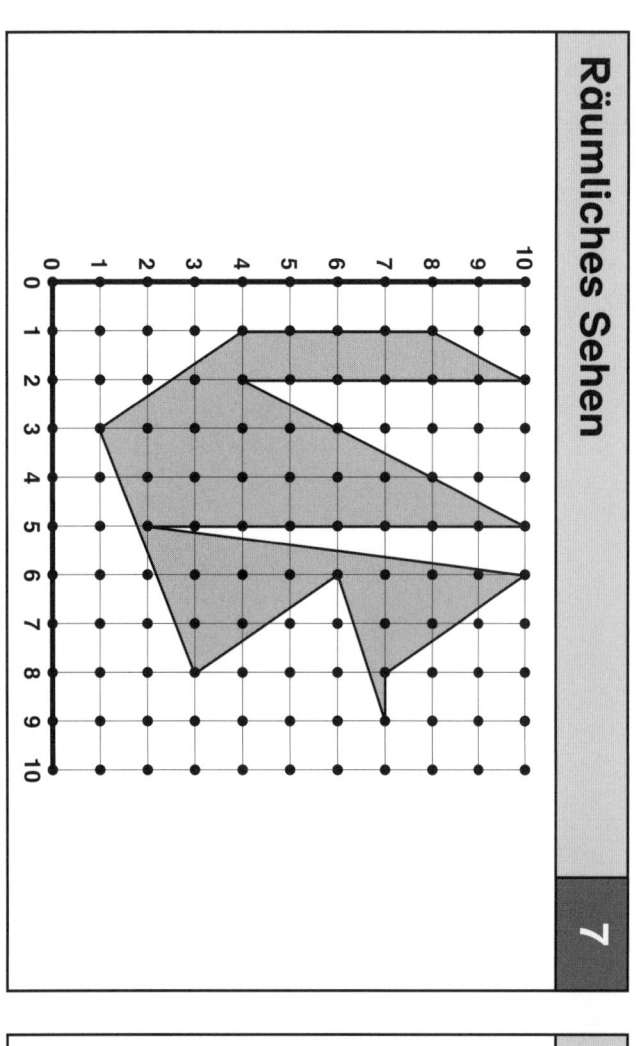

Räumliches Sehen 6
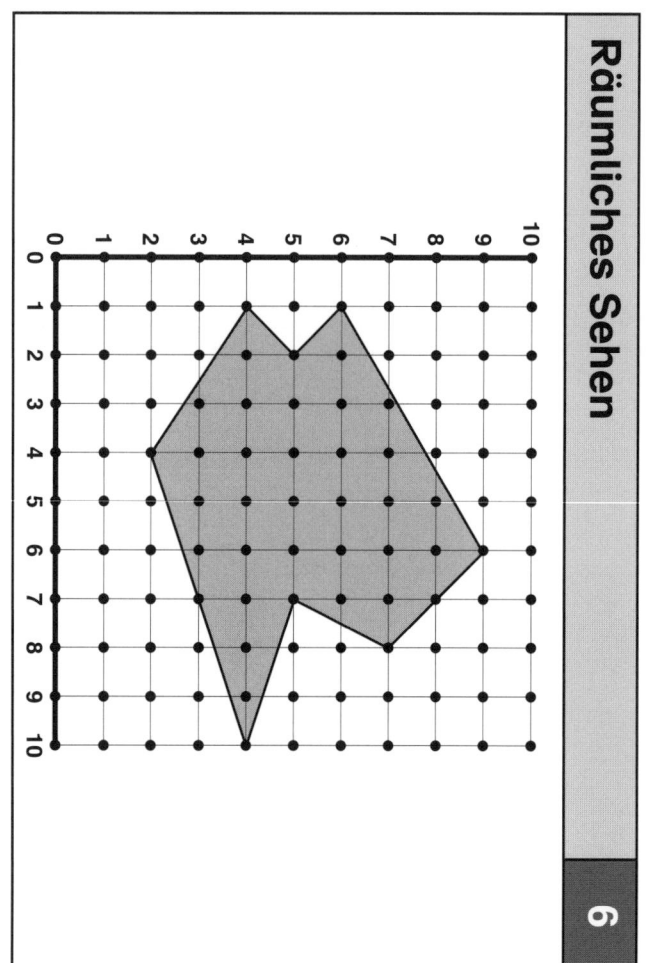

Räumliches Sehen 8
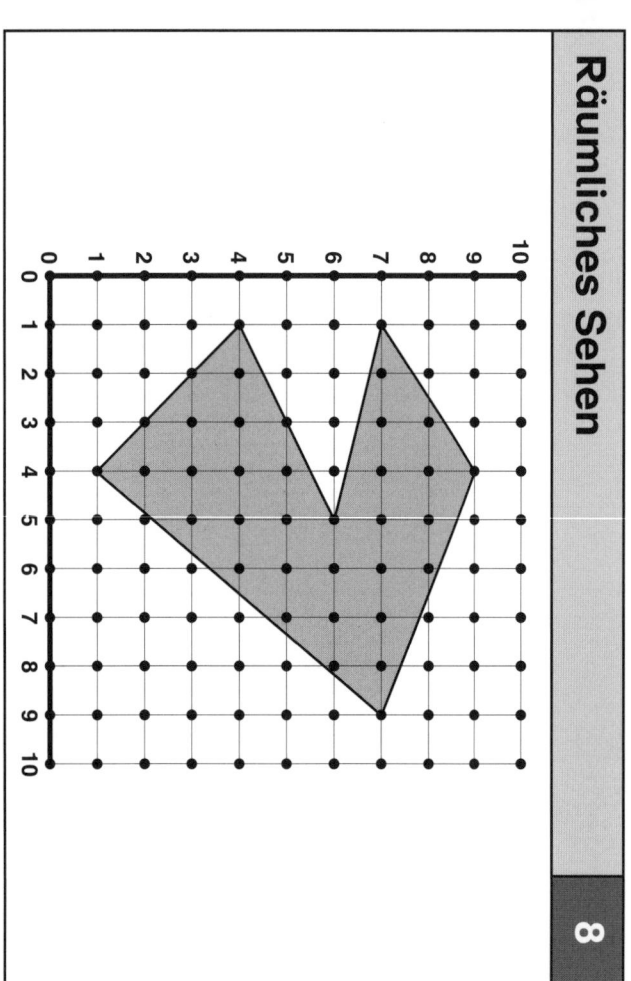

Lüttringhaus: Das große Geobrett · Band 1: Geometrische Konstruktionen
© Brigg Pädagogik Verlag GmbH, Augsburg

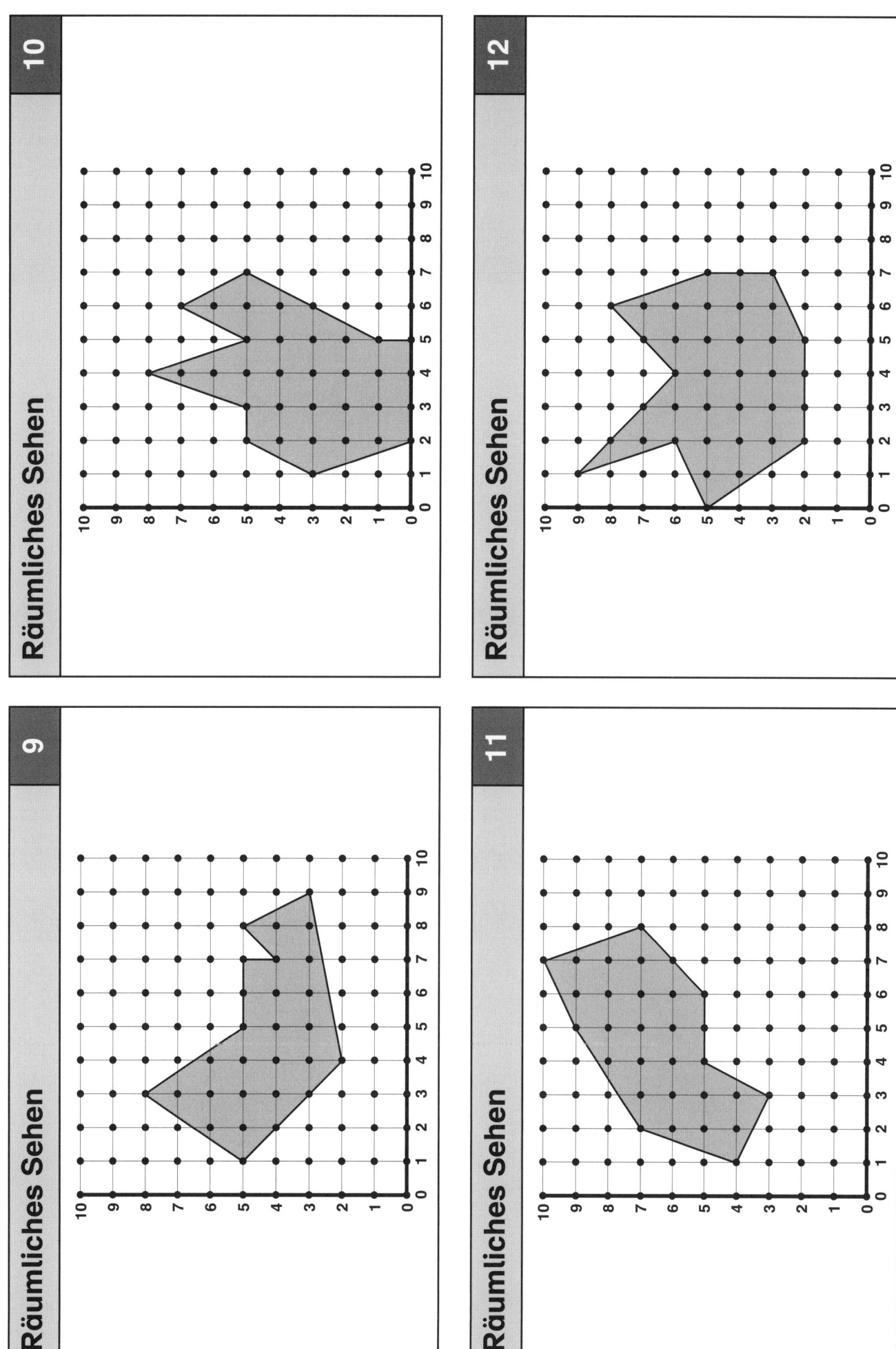

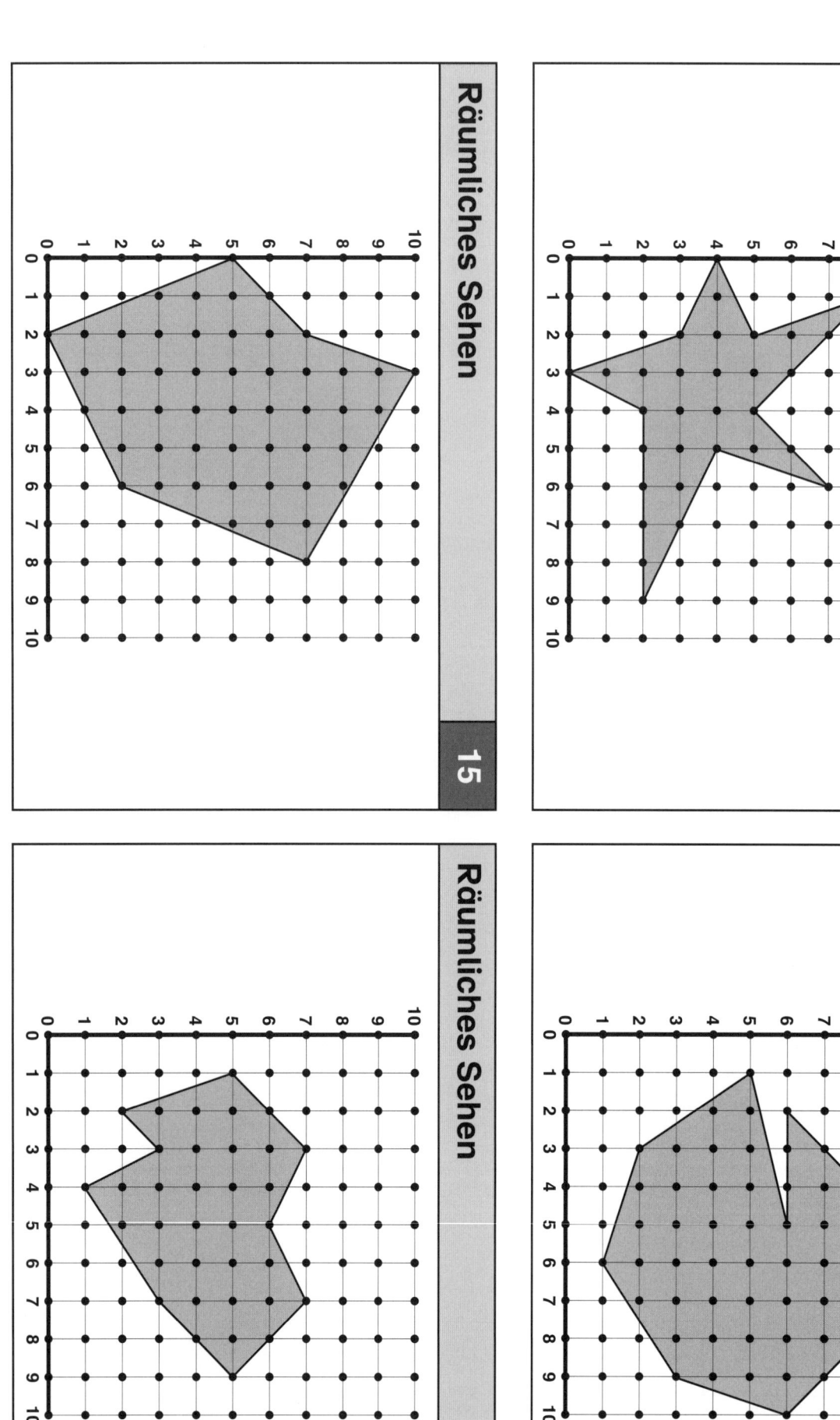

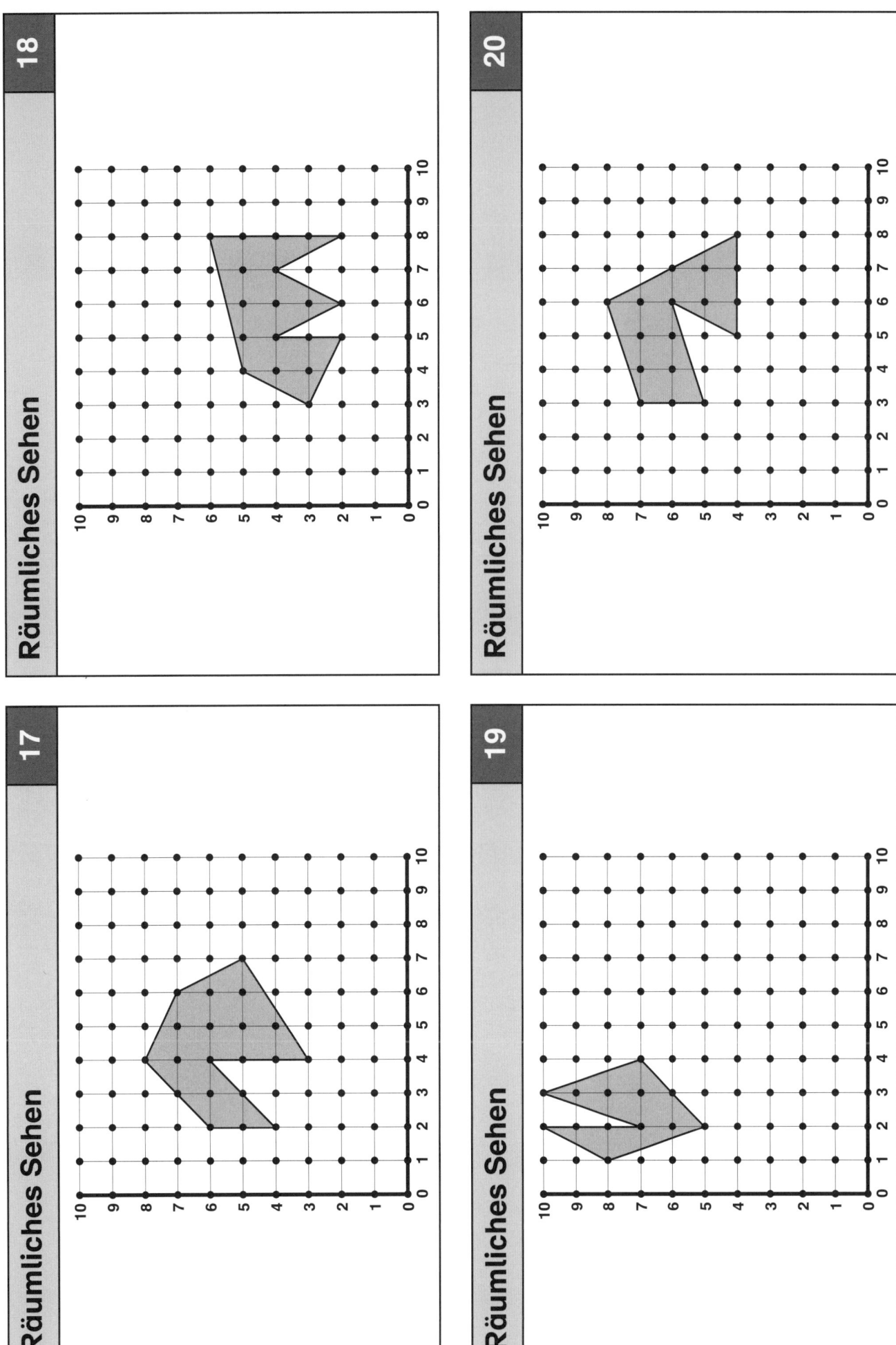

Räumliches Sehen

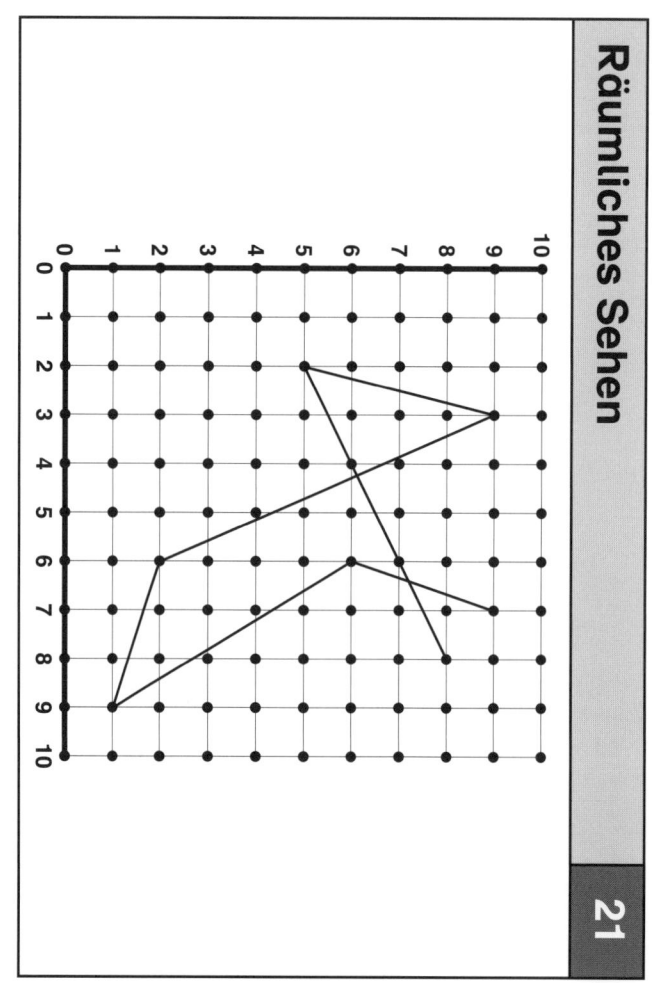

21

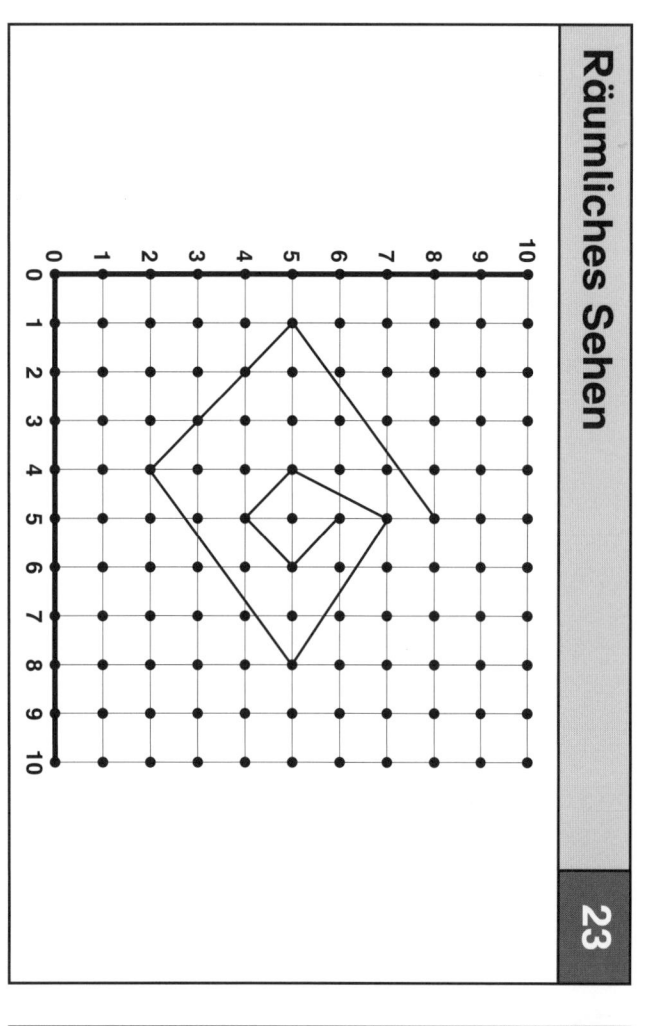

23

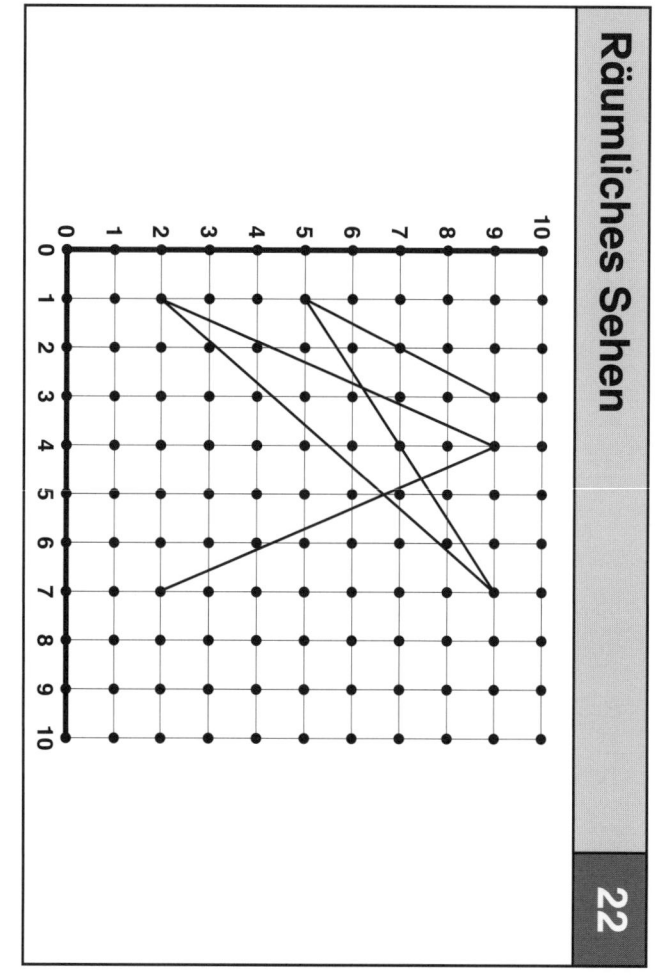

22

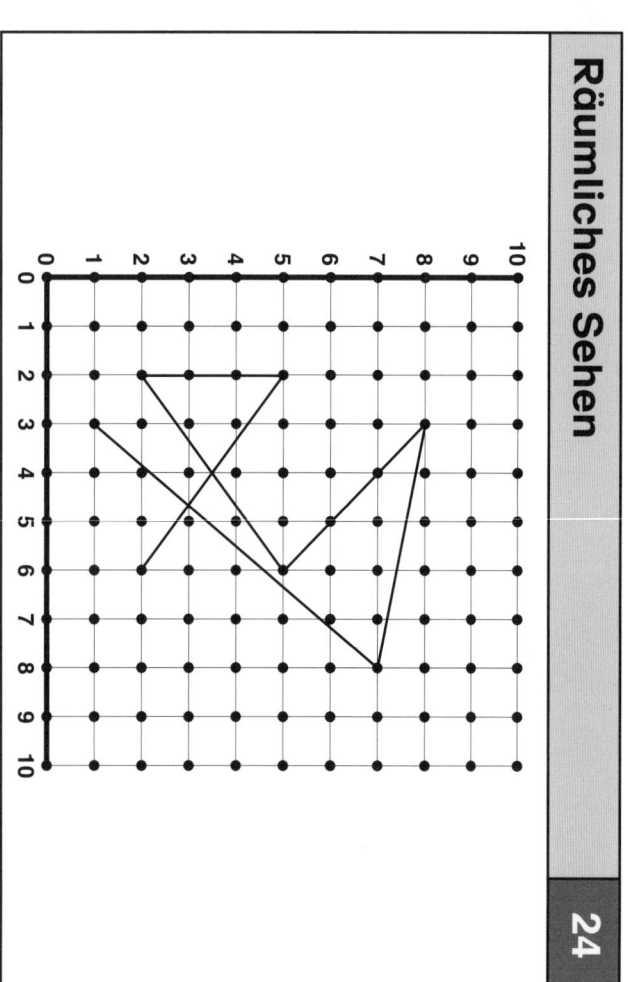

24

Das Koordinatensystem — 1

Spanne die Figur mit den folgenden Eckpunkten
(in der angegebenen Reihenfolge):

A(2|5)
B(6|2)
C(9|6)
D(7|5)
E(4|8)

Das Koordinatensystem — 2

Spanne die Figur mit den folgenden Eckpunkten
(in der angegebenen Reihenfolge):

A(1|4)
B(3|2)
C(7|3)
D(8|5)
E(2|7)

Das Koordinatensystem — 3

Spanne die Figur mit den folgenden Eckpunkten
(in der angegebenen Reihenfolge):

A(2|4)
B(8|4)
C(8|8)
D(6|5)
E(5|8)
F(4|5)
G(2|8)

Das Koordinatensystem — 4

Spanne die Figur mit den folgenden Eckpunkten
(in der angegebenen Reihenfolge):

A(1|6)
B(3|2)
C(3|5)
D(7|2)
E(4|9)
F(2|10)

Lösung:

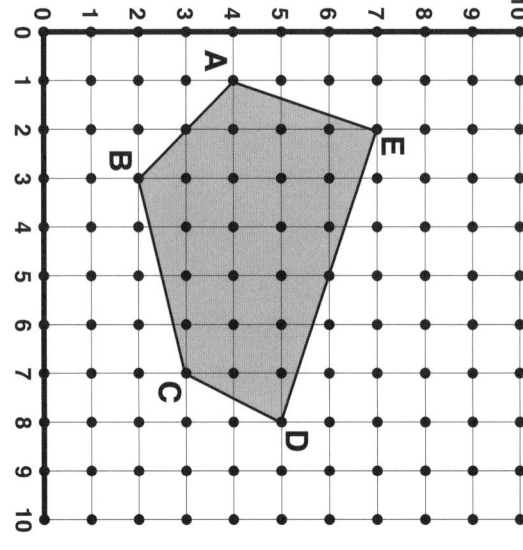

Lösung:

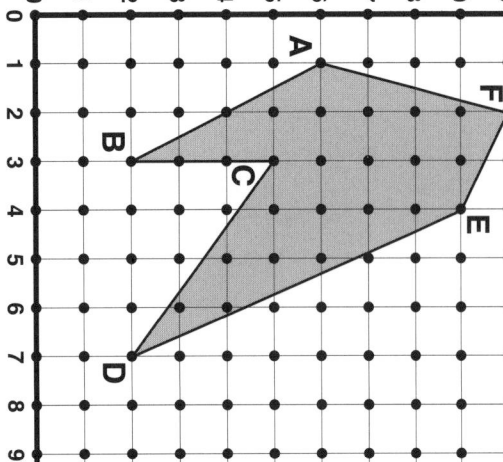

Lösung:

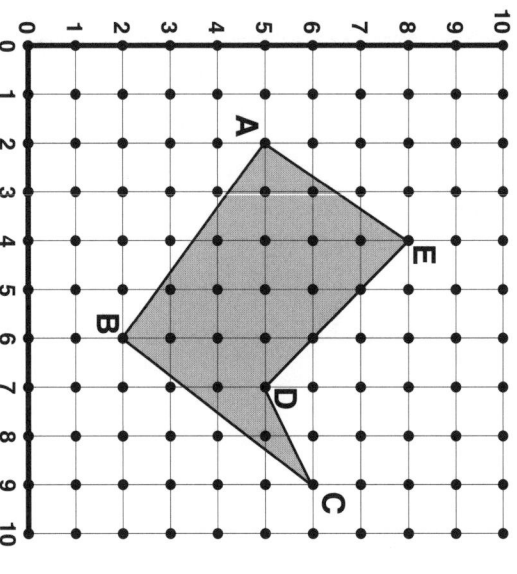

Lösung:

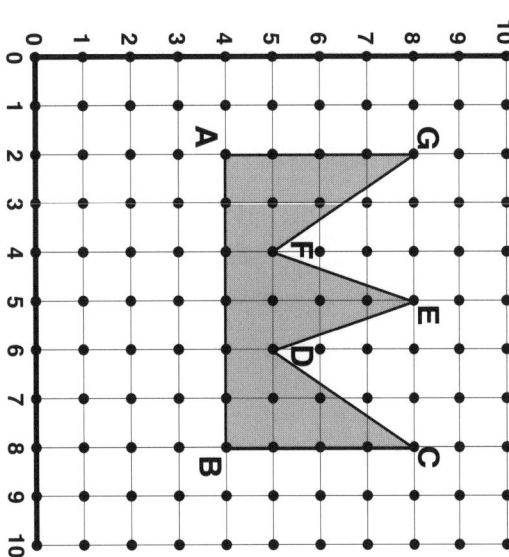

Das Koordinatensystem — 5

Spanne die Figur mit den folgenden Eckpunkten
(in der angegebenen Reihenfolge):

A(9|3)
B(6|9)
C(2|8)
D(1|7)
E(3|5)
F(5|2)

Das Koordinatensystem — 6

Spanne die Figur mit den folgenden Eckpunkten
(in der angegebenen Reihenfolge):

A(3|9)
B(2|7)
C(1|6)
D(2|1)
E(7|2)
F(5|3)
G(7|6)

Das Koordinatensystem — 7

Spanne die Figur mit den folgenden Eckpunkten
(in der angegebenen Reihenfolge):

A(5|7)
B(4|2)
C(8|5)
D(4|10)
E(2|8)

Das Koordinatensystem — 8

Spanne die Figur mit den folgenden Eckpunkten
(in der angegebenen Reihenfolge):

A(1|5)
B(4|2)
C(7|6)
D(5|5)
E(3|9)
F(2|7)
G(1|7)

Lösung:

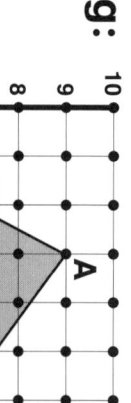

Lösung:

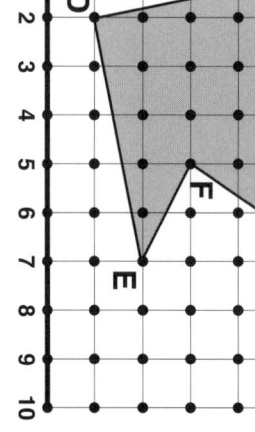

Lösung:

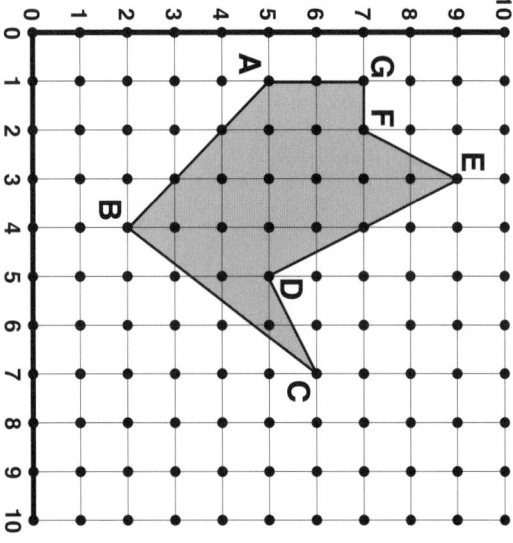

Lösung:

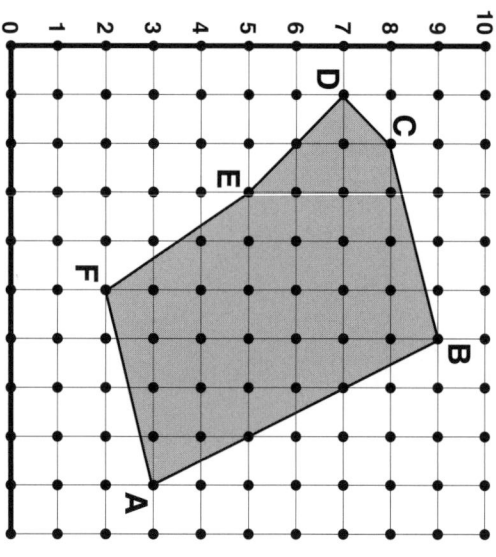

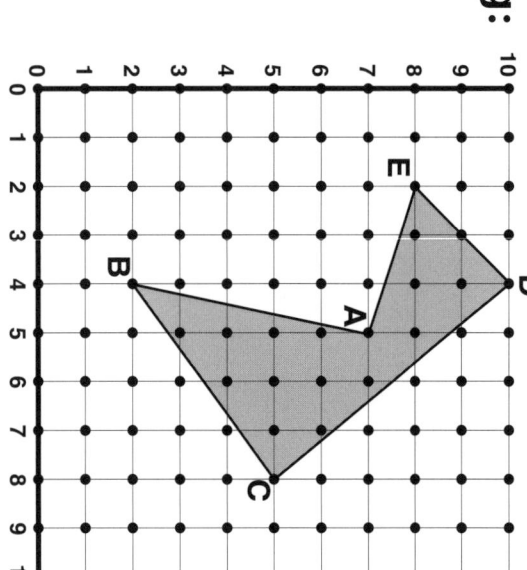

Das Koordinatensystem 9

Spanne die Figur mit den folgenden Eckpunkten
(in der angegebenen Reihenfolge):

A(0|5)
B(3|0)
C(5|1)
D(3|8)
E(11|10)

Das Koordinatensystem 10

Spanne die Figur mit den folgenden Eckpunkten
(in der angegebenen Reihenfolge):

A(4|3)
B(8|3)
C(7|5)
D(8|8)
E(4|8)
F(5|5)

Das Koordinatensystem 11

Spanne die Figur mit den folgenden Eckpunkten
(in der angegebenen Reihenfolge):

A(7|5)
B(7|8)
C(4|9)
D(2|6)
E(4|4)

Das Koordinatensystem 12

Spanne die Figur mit den folgenden Eckpunkten
(in der angegebenen Reihenfolge):

A(3|2)
B(5|3)
C(1|6)
D(1|0)
E(6|1)

Lösung:

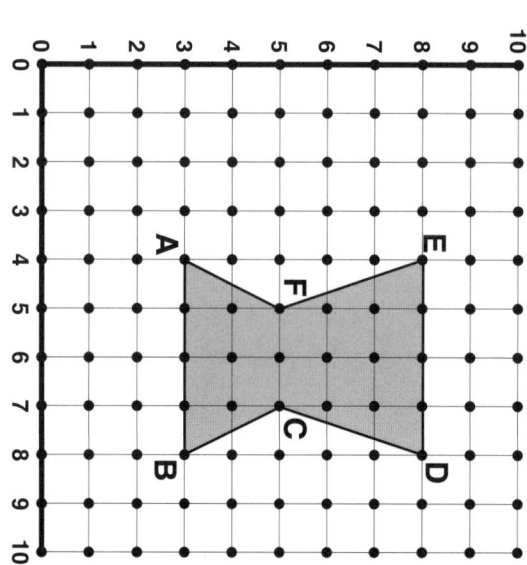

Lösung:

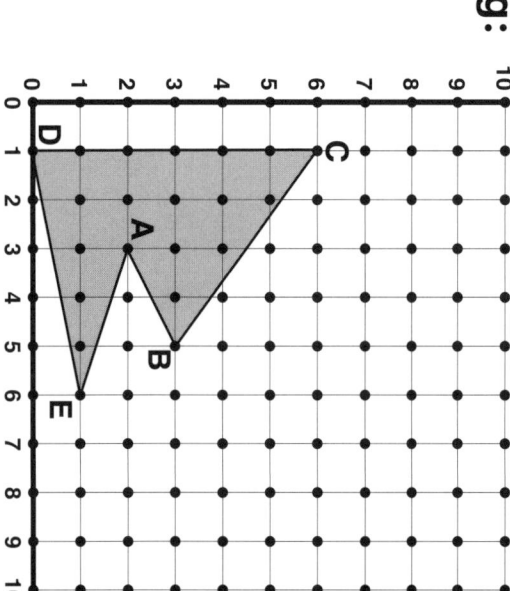

Lösung:

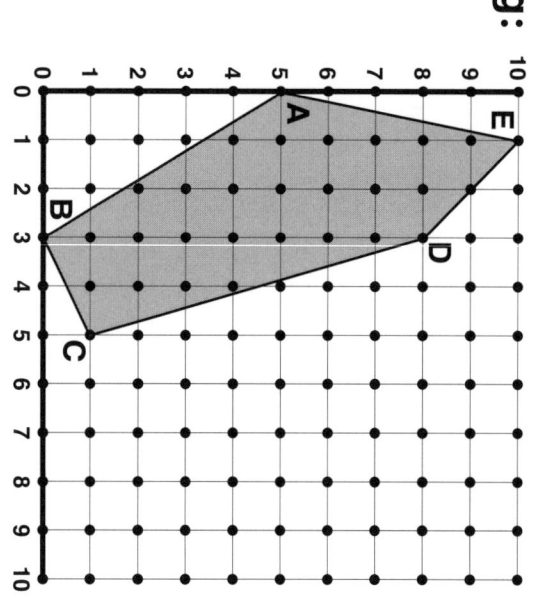

Lösung:

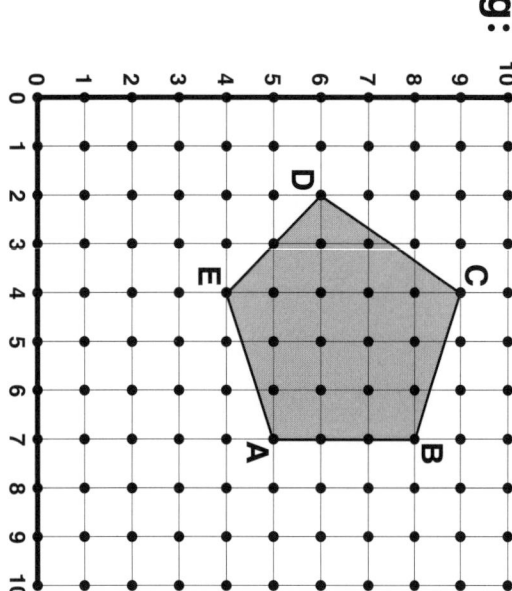

Das Koordinatensystem 13

Spanne die Figur mit den folgenden Eckpunkten
(in der angegebenen Reihenfolge):

A(9|8)
B(7|10)
C(4|9)
D(2|7)
E(3|2)

Das Koordinatensystem 14

Spanne die Figur mit den folgenden Eckpunkten
(in der angegebenen Reihenfolge):

A(2|6)
B(4|3)
C(7|4)
D(7|7)
E(4|8)

Das Koordinatensystem 15

Spanne die Figur mit den folgenden Eckpunkten
(in der angegebenen Reihenfolge):

A(5|9)
B(2|7)
C(2|4)
D(5|4)
E(7|6)

Das Koordinatensystem 16

Spanne die Figur mit den folgenden Eckpunkten
(in der angegebenen Reihenfolge):

A(2|7)
B(2|5)
C(4|3)
D(7|6)
E(5|9)

Lösung:

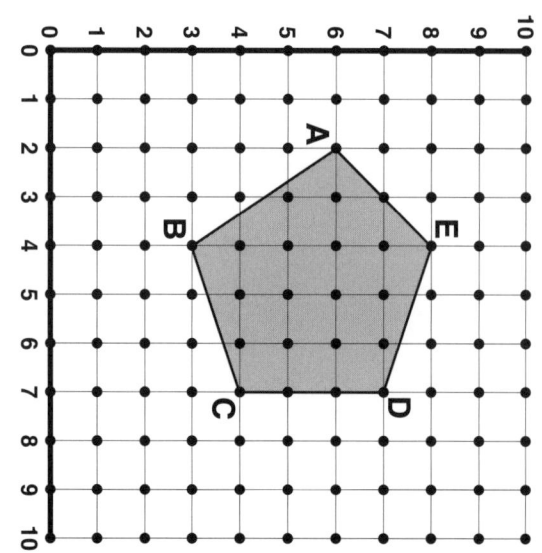

Lösung:

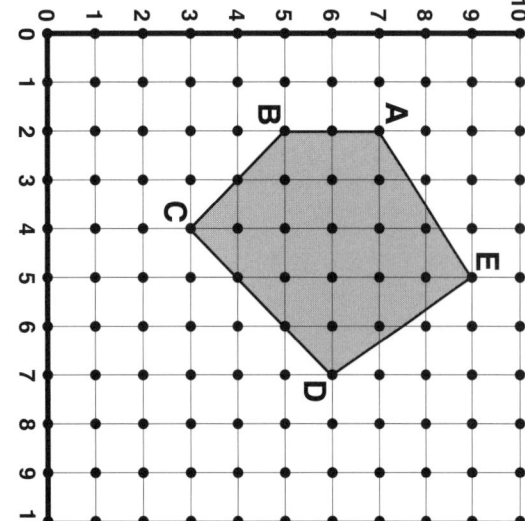

Lösung:

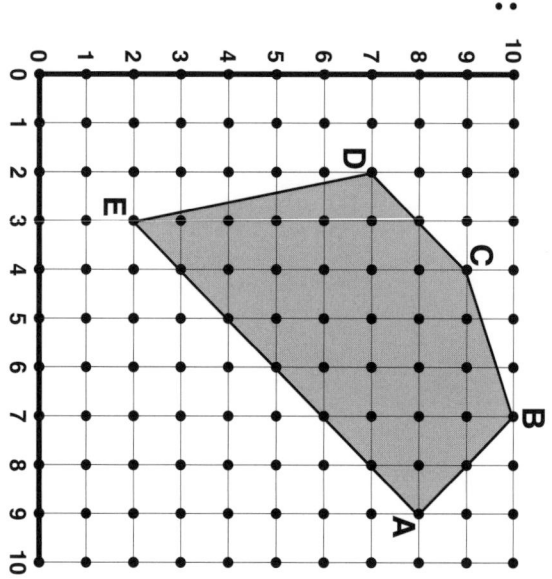

Lösung:

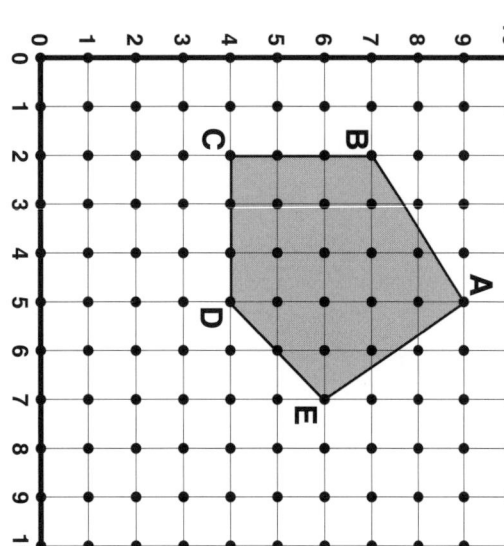

Das Koordinatensystem — 18

Spanne den Streckenzug mit den folgenden Strecken-Endpunkten (in der angegebenen Reihenfolge):

A(6|9)
B(2|6)
C(3|9)
D(5|3)
E(0|7)
F(2|9)

Das Koordinatensystem — 20

Spanne den Streckenzug mit den folgenden Strecken-Endpunkten (in der angegebenen Reihenfolge):

A(1|6)
B(0|4)
C(4|6)
D(9|1)
E(5|9)
F(3|7)

Das Koordinatensystem — 17

Spanne den Streckenzug mit den folgenden Strecken-Endpunkten (in der angegebenen Reihenfolge):

A(8|4)
B(7|1)
C(5|9)
D(4|2)
E(2|6)
F(6|7)

Das Koordinatensystem — 19

Spanne den Streckenzug mit den folgenden Strecken-Endpunkten (in der angegebenen Reihenfolge):

A(2|6)
B(5|9)
C(7|2)
D(4|5)
E(1|2)
F(0|4)

Lösung:

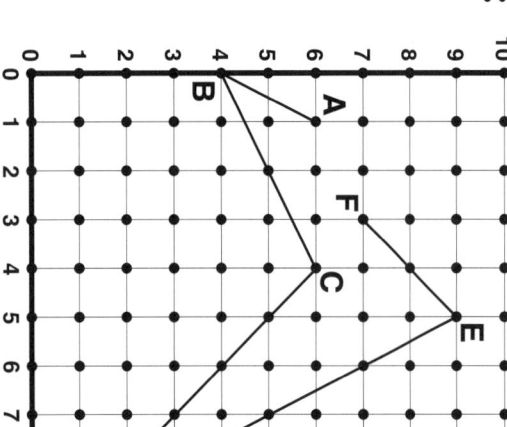

Lösung:

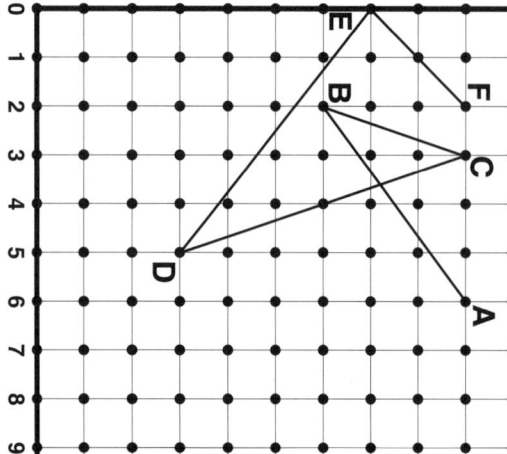

Lösung:

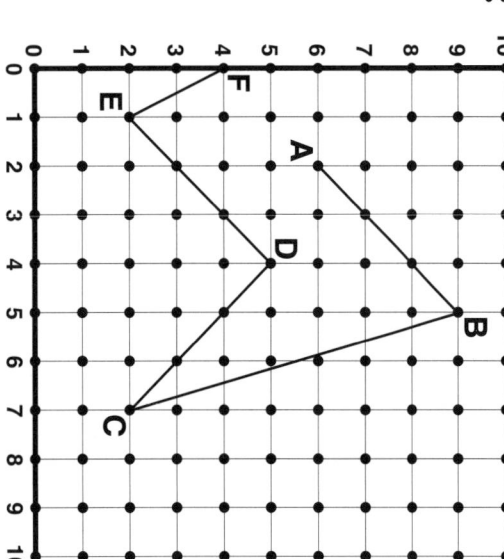

Lösung:

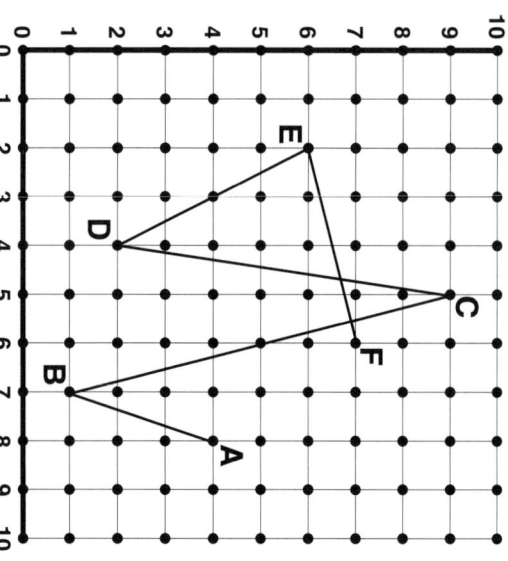

3. Geometrische Konstruktionen

3.1 Einführung

3.1.1 Achsenspiegelung horizontal und vertikal

Ziele:

- Das räumliche Sehen wird gefördert.
- Die Konzentrationsfähigkeit wird gefördert.
- Das Verständnis für die Achsensymmetrie wird gefördert.

Folie zur Einführung:

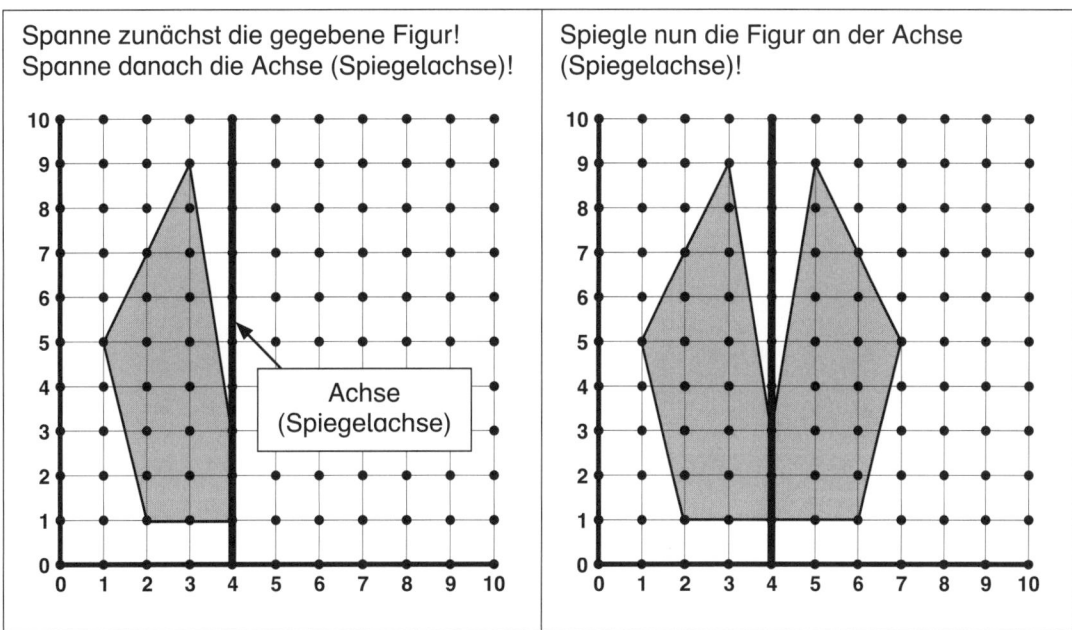

3.1.2 Achsenspiegelung diagonal

Folie zur Einführung:

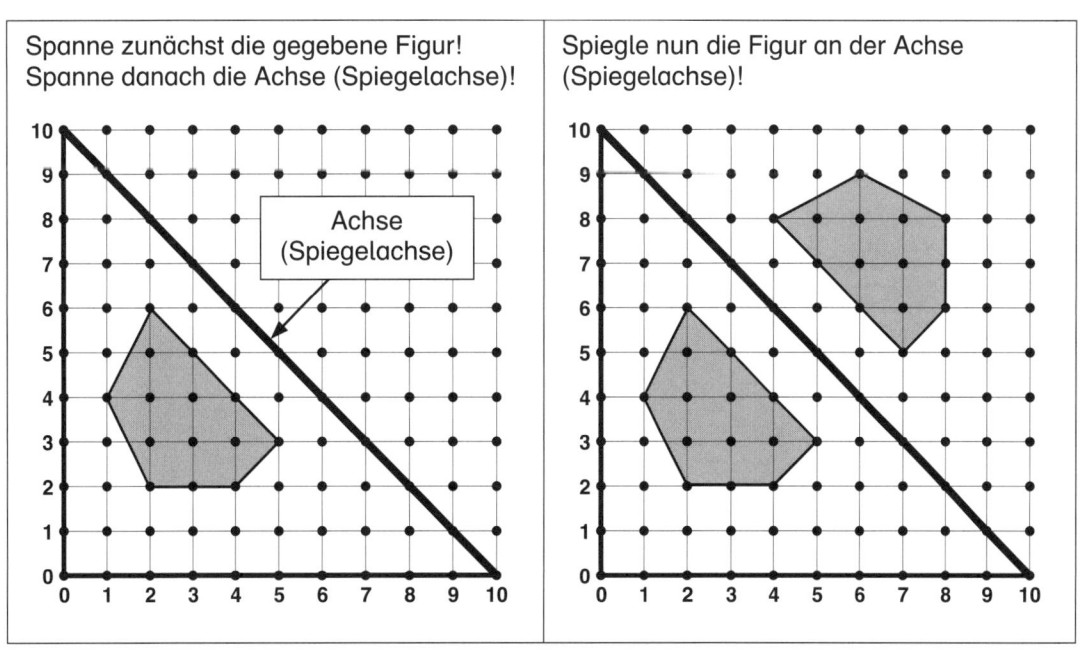

3.1.3 Lot fällen und errichten

Ziele:
- Das räumliche Sehen wird gefördert.
- Die Konzentrationsfähigkeit wird gefördert.
- Die Schülerinnen und Schüler lernen, ein Lot zu fällen und zu errichten.
- Die Schülerinnen und Schüler entwickeln ein Gefühl für den rechten Winkel.

Folie zur Einführung:

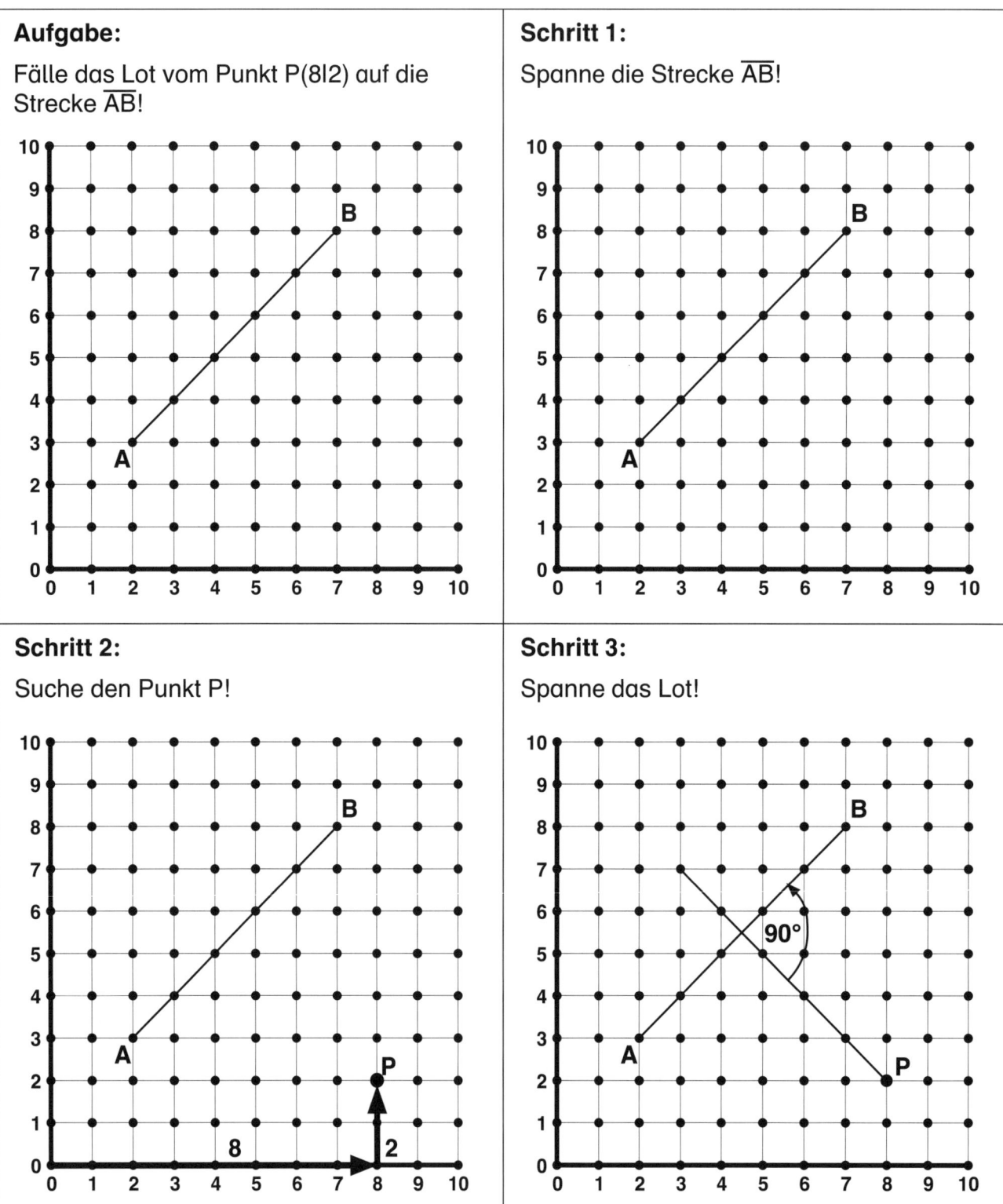

3.1.4 Mittelsenkrechte finden

Ziele:

- Das räumliche Sehen wird gefördert.
- Die Konzentrationsfähigkeit wird gefördert.
- Die Schülerinnen und Schüler üben, ein Lot zu fällen und zu errichten.
- Die Schülerinnen und Schüler entwickeln ein Gefühl für den rechten Winkel.
- Die Schülerinnen und Schüler entwickeln ein Gefühl für die Mittelsenkrechte.

Folie zur Einführung:

Schritt 1:

Spanne die Strecke $\overline{AB}$!

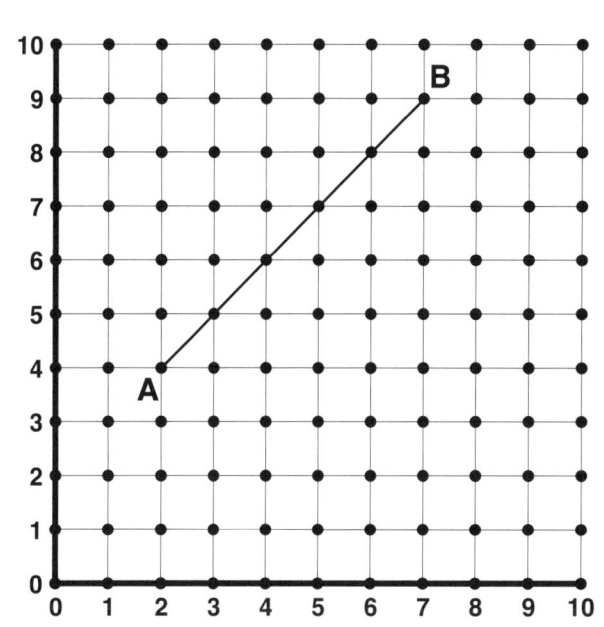

Schritt 2:

Suche den Mittelpunkt der Strecke $\overline{AB}$ mit dem Lineal oder nach Gefühl!

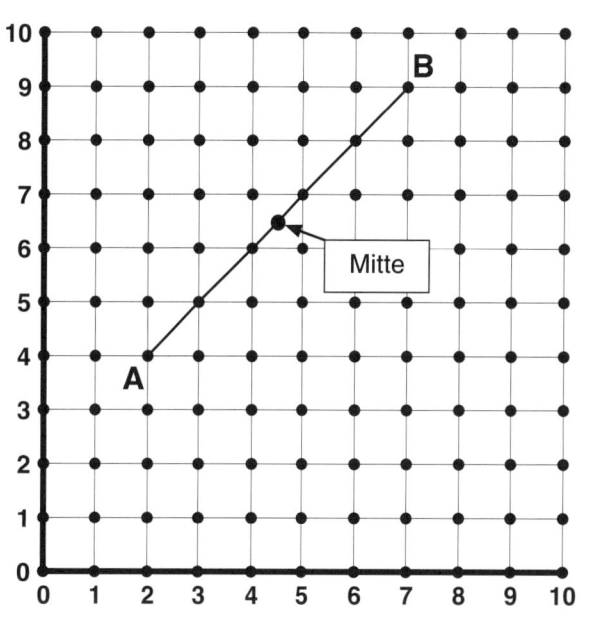

Schritt 3:

Errichte das Lot im Mittelpunkt der Strecke $\overline{AB}$!

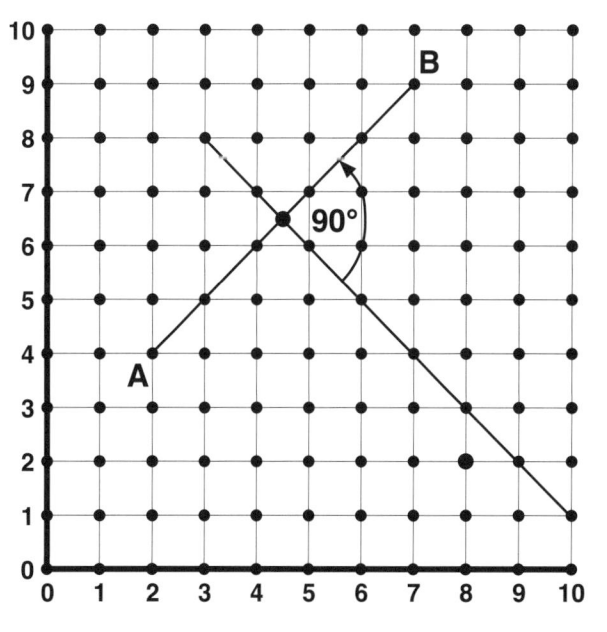

3.1.5 Parallele finden

Ziele:

- Das räumliche Sehen wird gefördert.
- Die Konzentrationsfähigkeit wird gefördert.
- Die Schülerinnen und Schüler üben, eine Parallele zu finden.
- Die Schülerinnen und Schüler entwickeln ein Gefühl für Parallelität.

Folie zur Einführung:

Aufgabe:

Spanne die Parallele zur Strecke $\overline{AB}$ durch den Punkt P(6|3)!

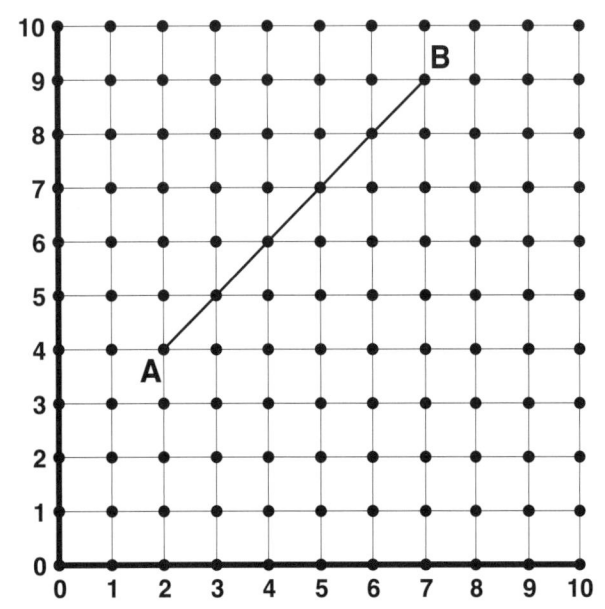

Schritt 1:

Spanne die Strecke $\overline{AB}$!

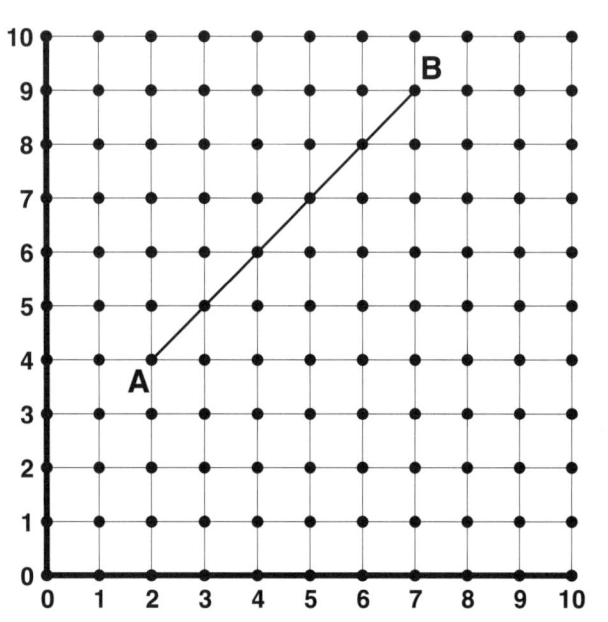

Schritt 2:

Suche den Punkt P(6|3)!

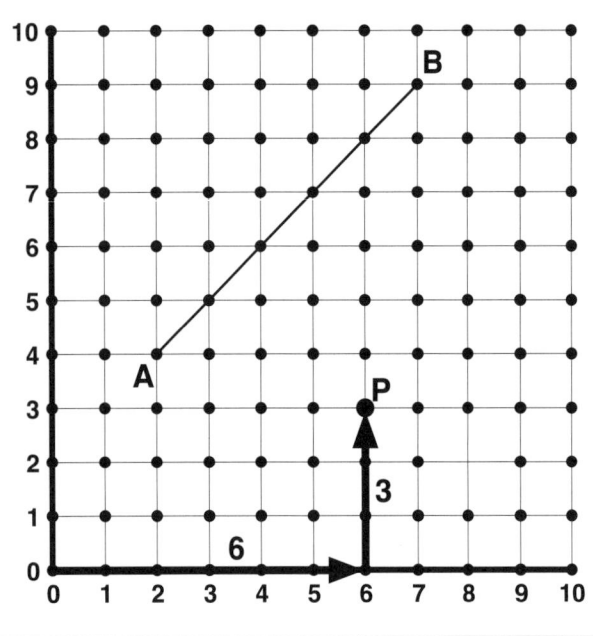

Schritt 3:

Spanne die Parallele zur Strecke $\overline{AB}$ durch den Punkt P!

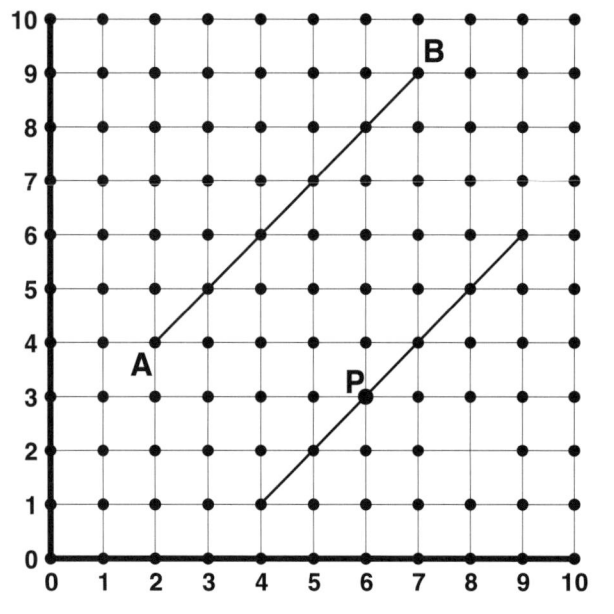

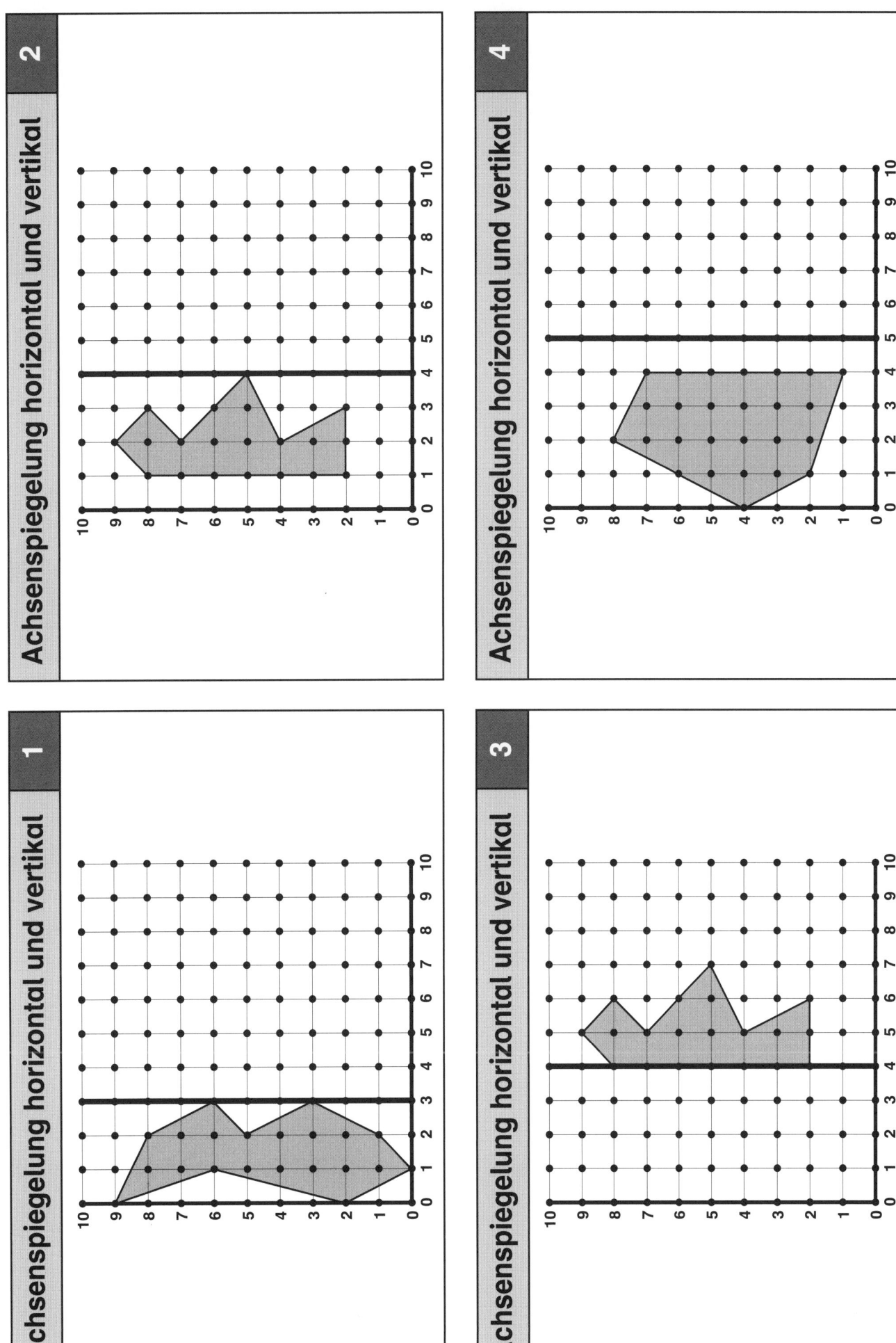

Lösung:

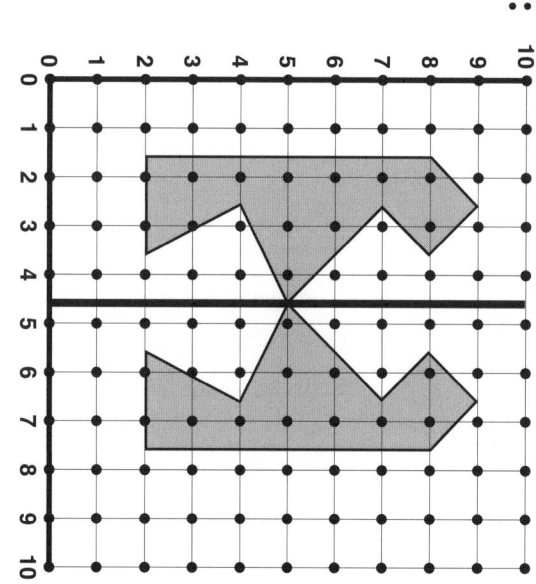

Lösung:

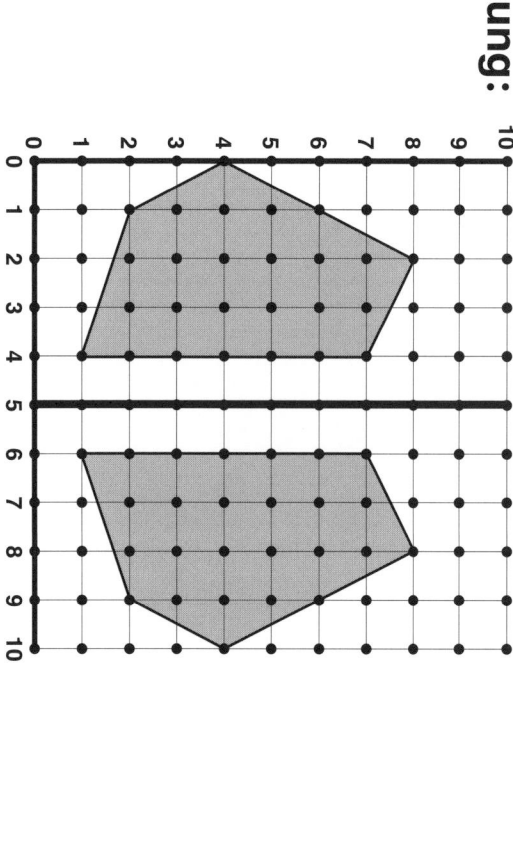

Lösung:

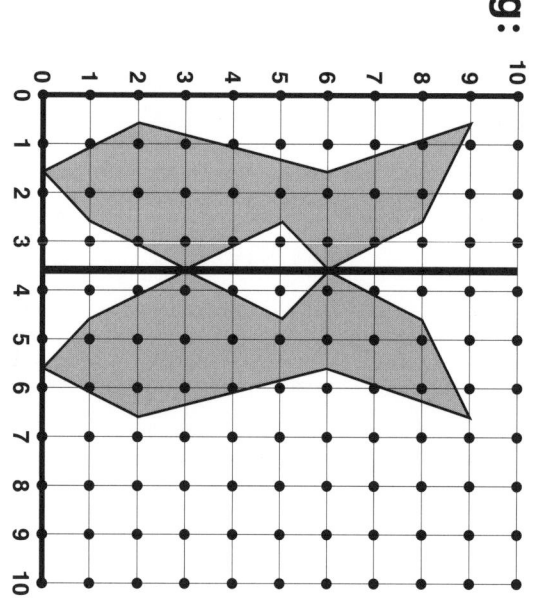

Lösung:

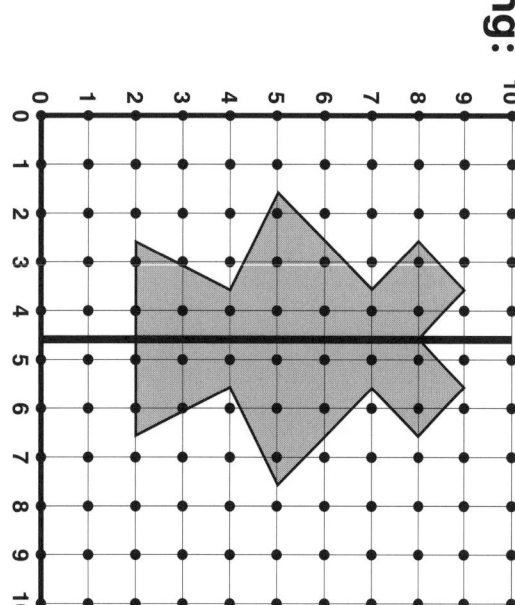

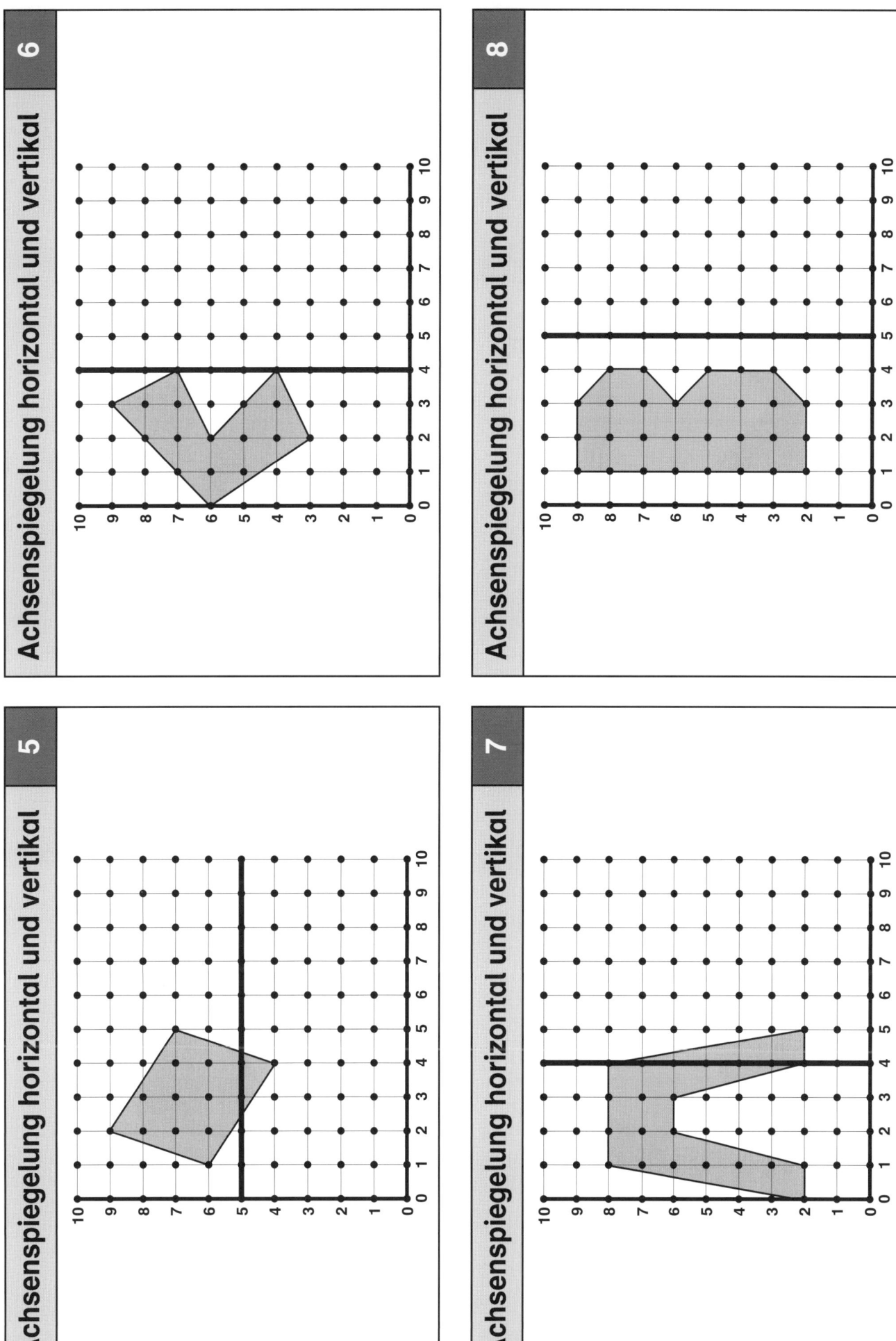

Lösung:

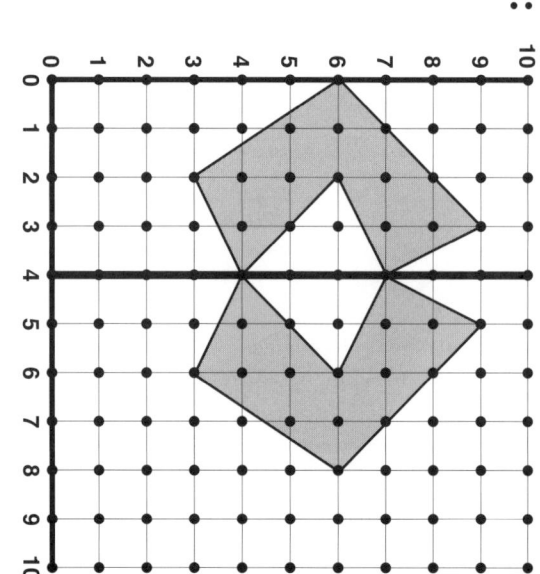

Lösung:

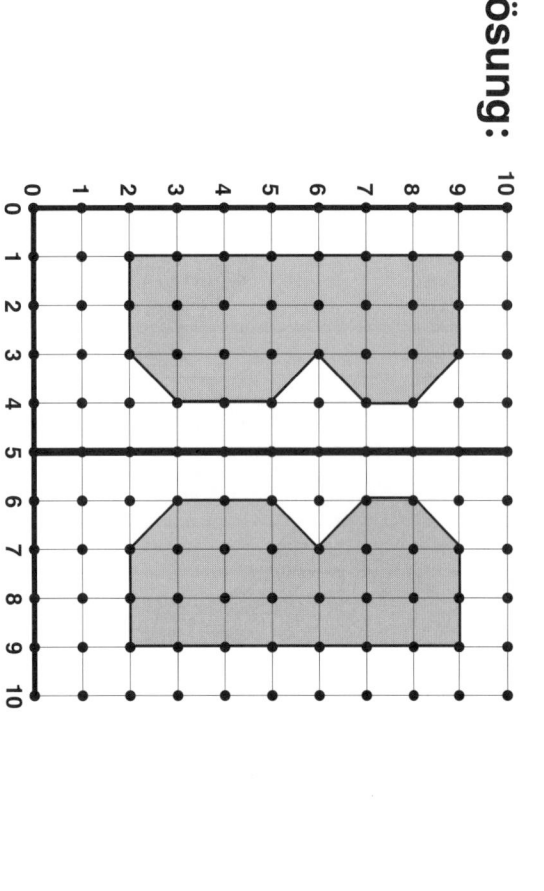

Lösung:

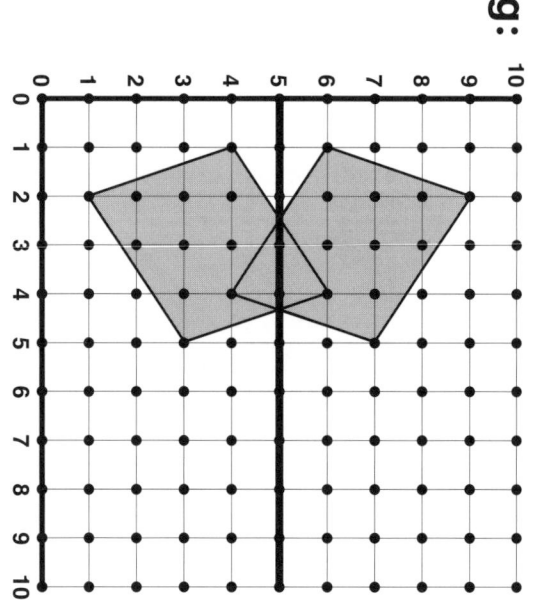

Lösung:

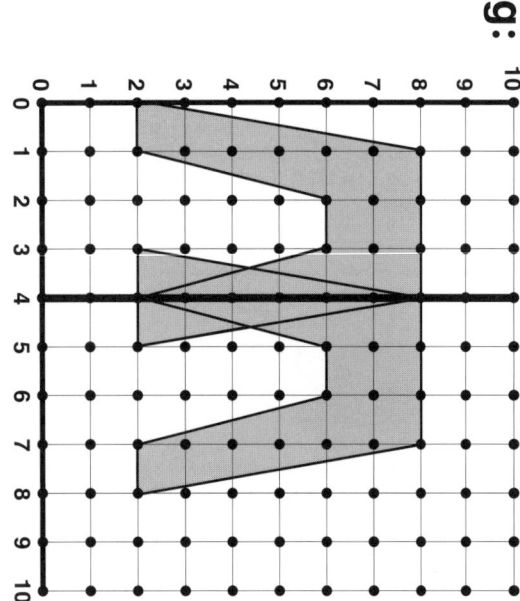

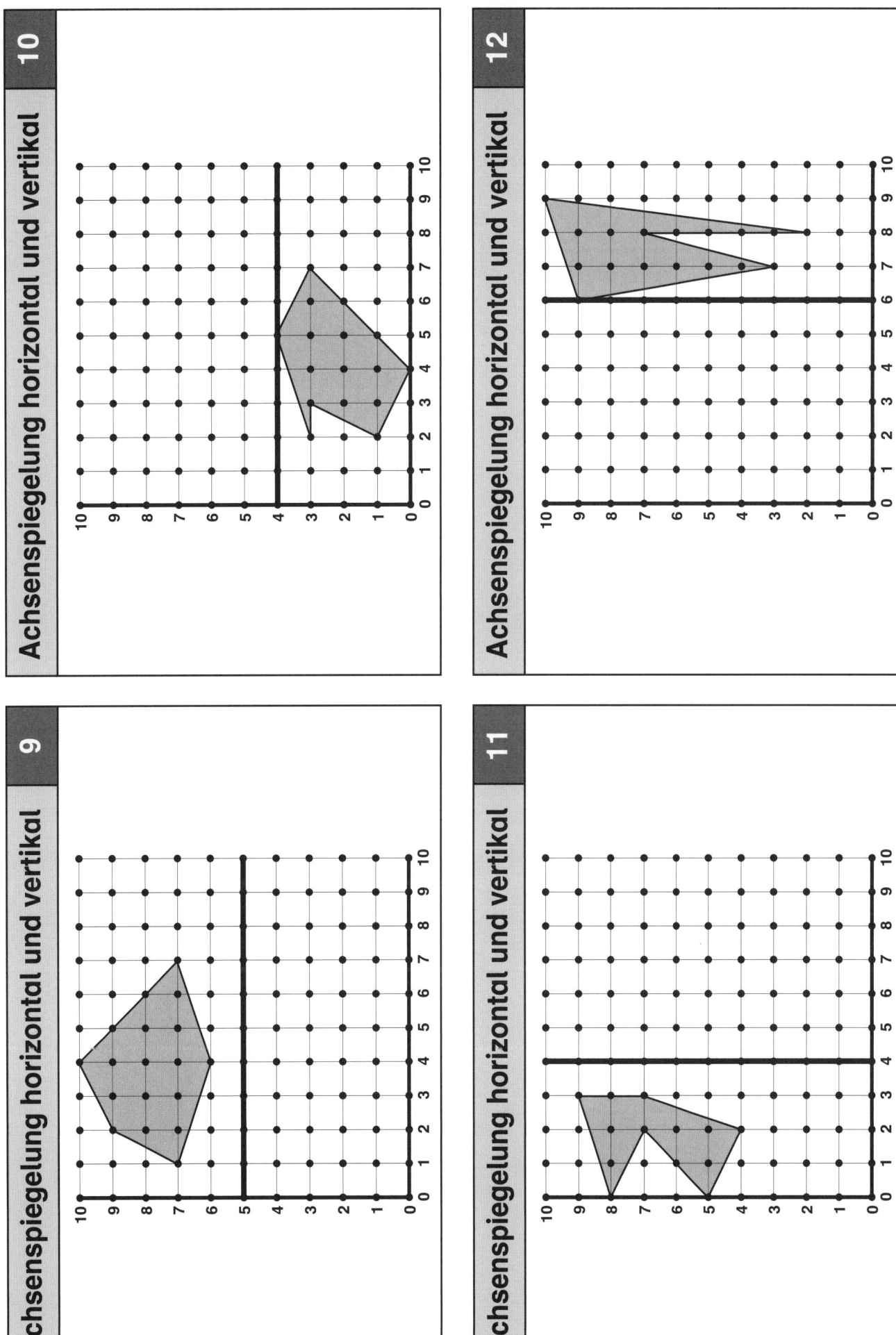

Lösung:

Lösung:
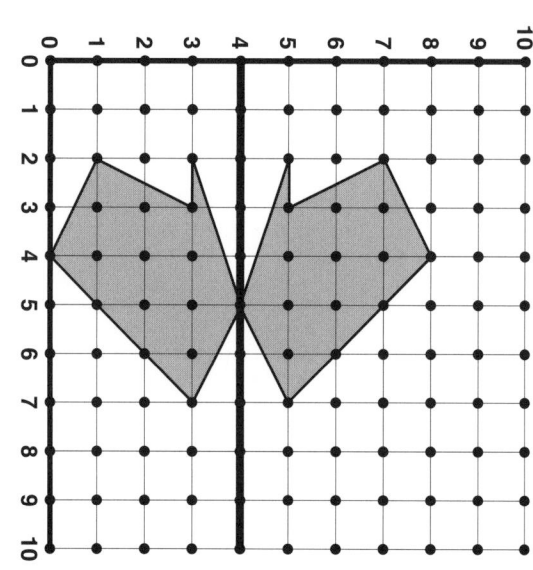

Lösung:
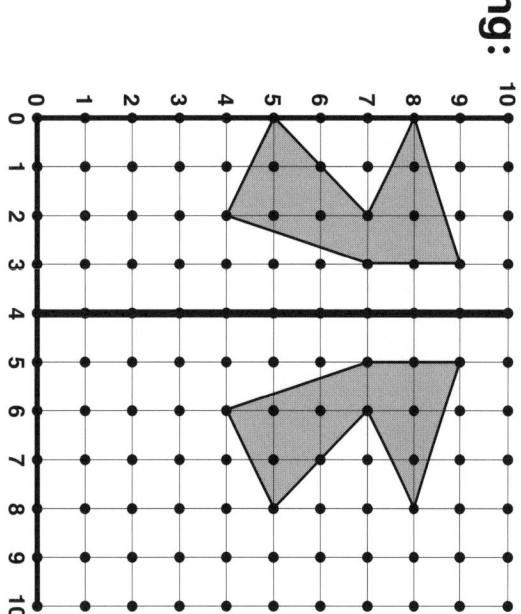

Lösung:
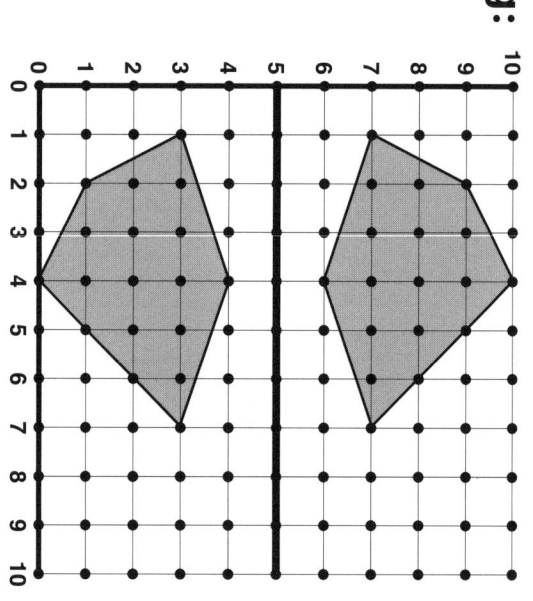

Lüttringhaus: Das große Geobrett · Band 1: Geometrische Konstruktionen
© Brigg Pädagogik Verlag GmbH, Augsburg

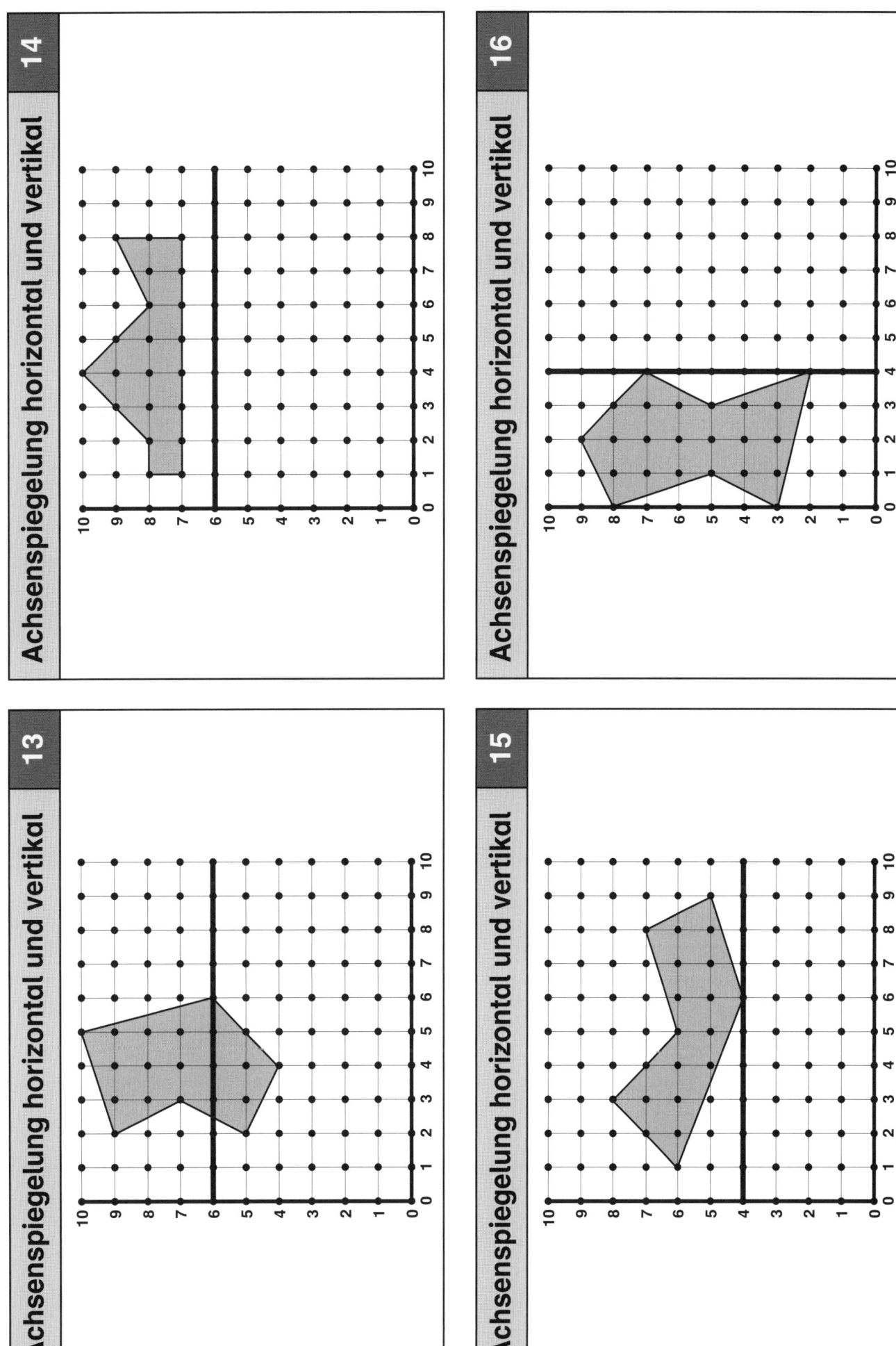

Lösung:

Lösung:
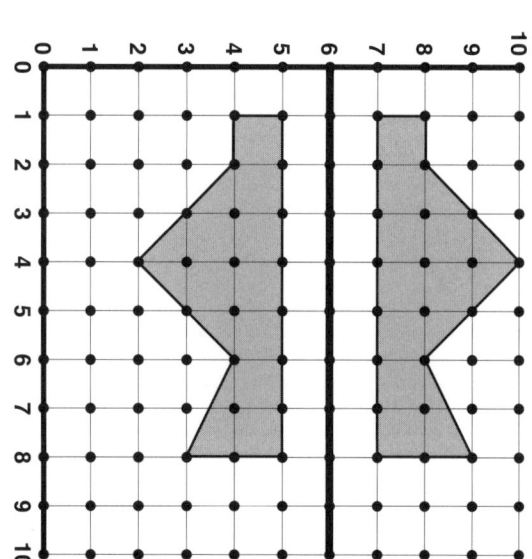

Lösung:

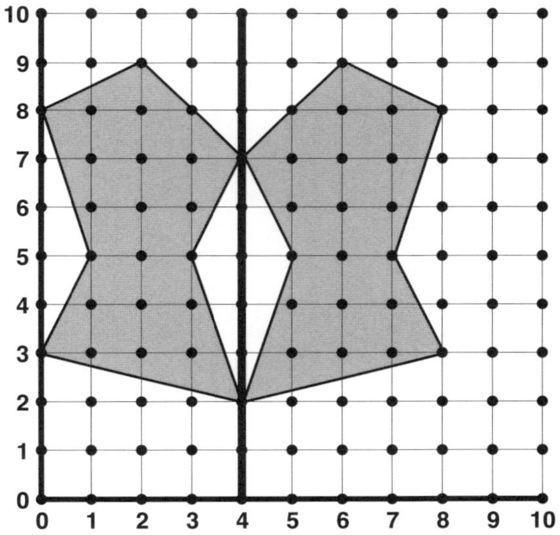

Lösung:
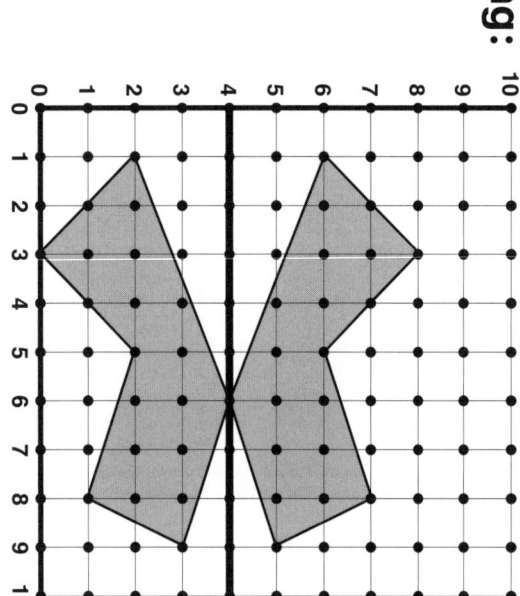
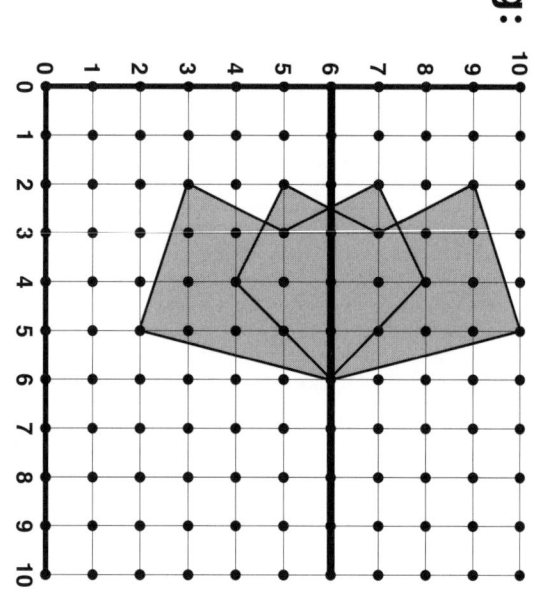

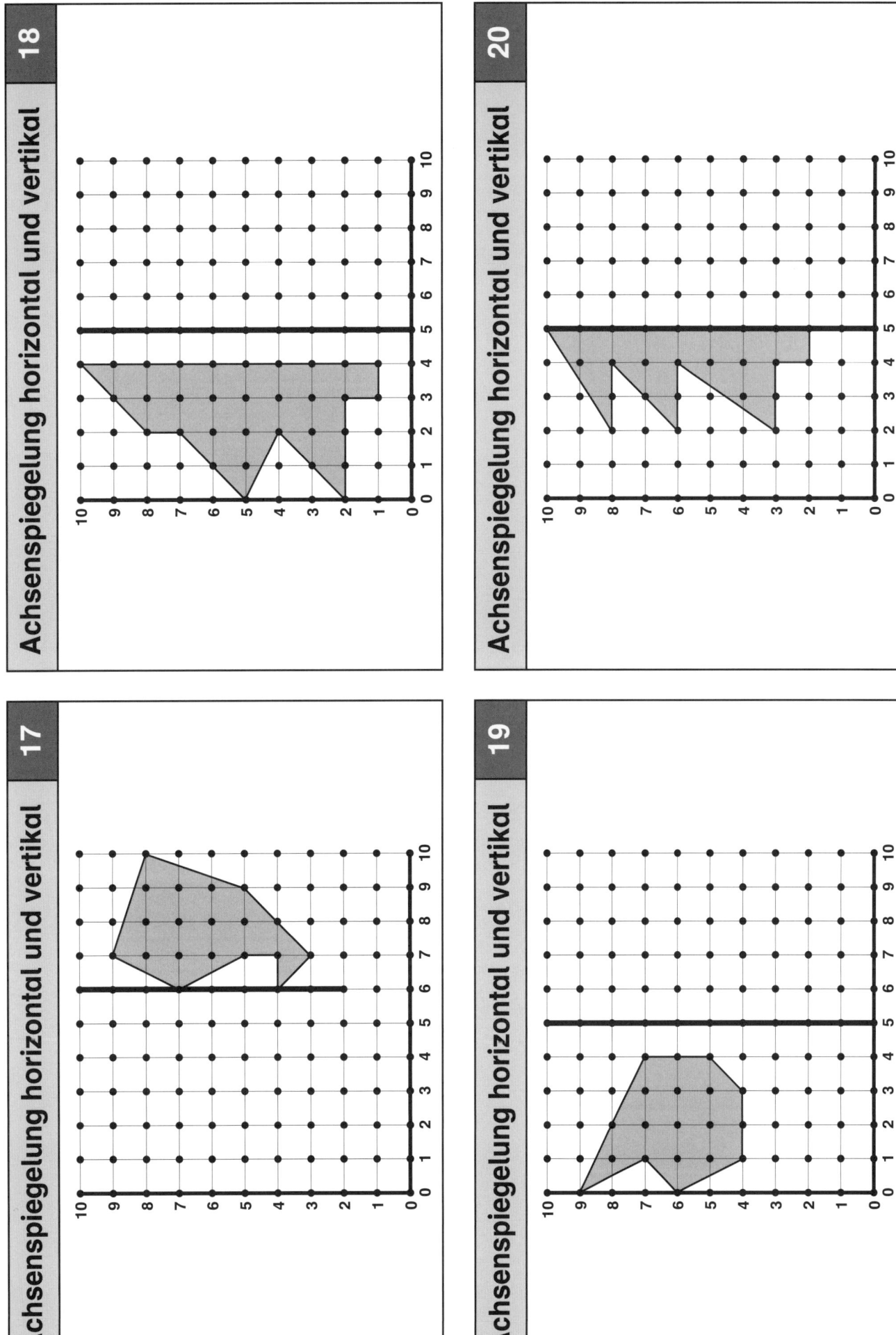

Lösung:

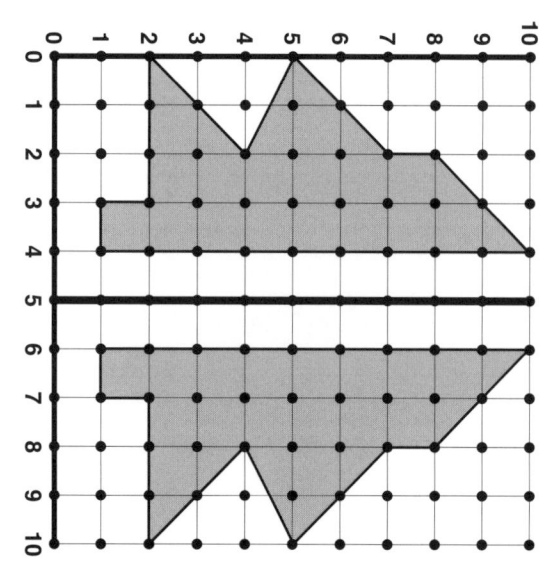

Lösung:

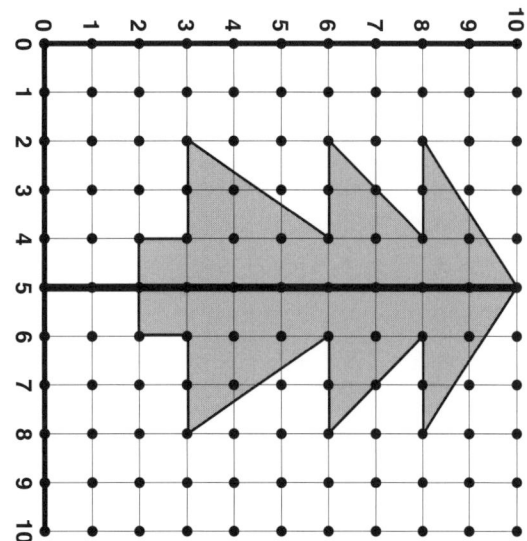

Lösung:

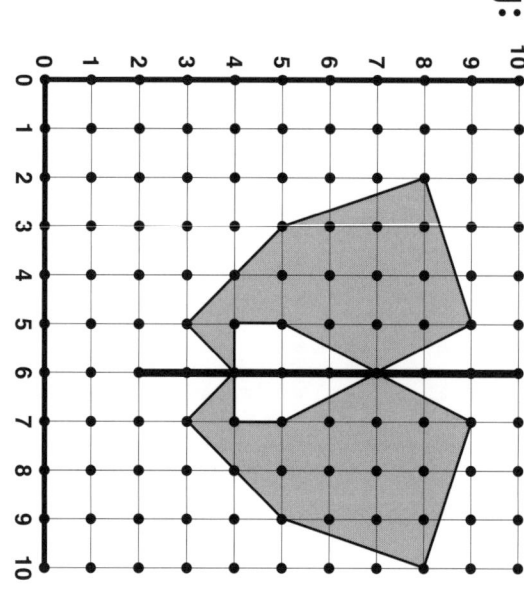

Lösung:

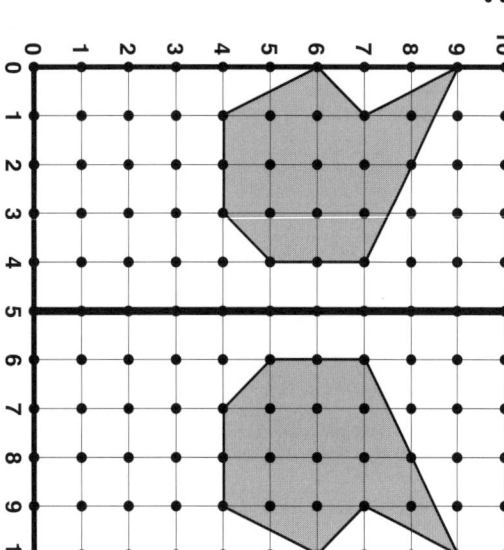

Achsenspiegelung horizontal und vertikal — 21

Spanne die Figur mit den Eckpunkten
(in der angegebenen Reihenfolge)

A(3|6), B(2|7), C(3|8), D(4|10), E(8|8), F(9|9),
G(10|7), H(6|6)

und spiegle sie an der Spiegelachse durch die
Punkte I(0|6) und J(10|6)!

Achsenspiegelung horizontal und vertikal — 22

Spanne die Figur mit den Eckpunkten
(in der angegebenen Reihenfolge)

A(0|7), B(2|9), C(3|9), D(2|7), E(3|3), F(2|5),
G(1|3), H(1|6), I(2|8)

und spiegle sie an der Spiegelachse durch die
Punkte J(3|0) und K(3|10)!

Achsenspiegelung horizontal und vertikal — 23

Spanne die Figur mit den Eckpunkten
(in der angegebenen Reihenfolge)

A(6|9), B(3|10), C(2|6), D(4|7), E(6|5), F(8|5),
G(9|7), H(7|10)

und spiegle sie an der Spiegelachse durch die
Punkte I(0|5) und J(10|5)!

Achsenspiegelung horizontal und vertikal — 24

Spanne die Figur mit den Eckpunkten
(in der angegebenen Reihenfolge)

A(4|5), B(6|7), C(6|4), D(7|7), E(7|4), F(2|4),
G(1|6), H(3|8)

und spiegle sie an der Spiegelachse durch die
Punkte I(0|4) und J(10|4)!

Lösung:

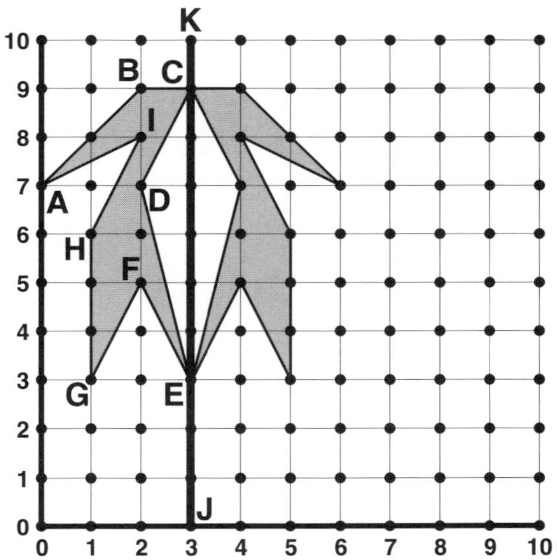

Lösung:

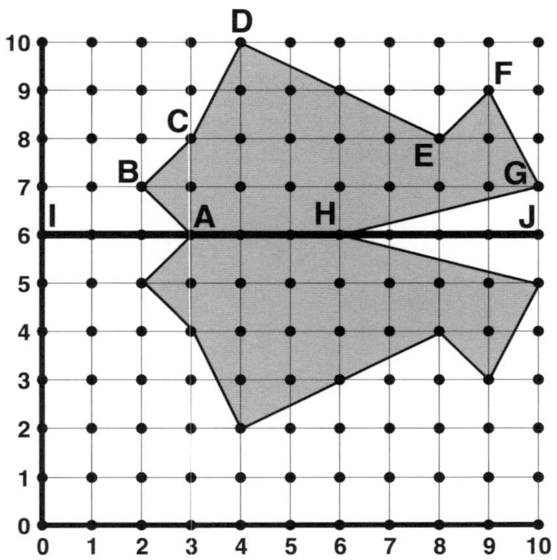

Lösung:

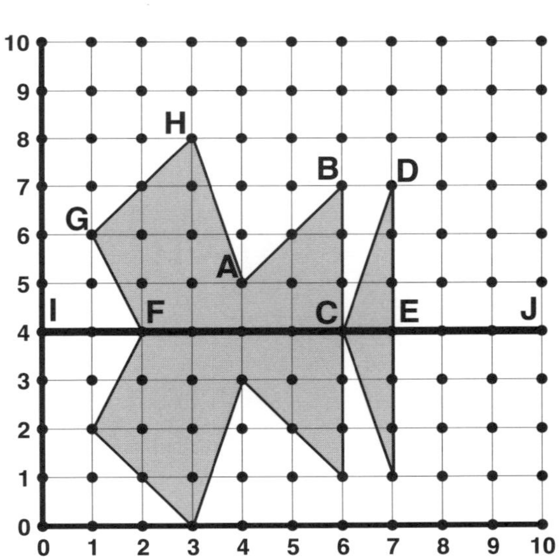

Lösung:

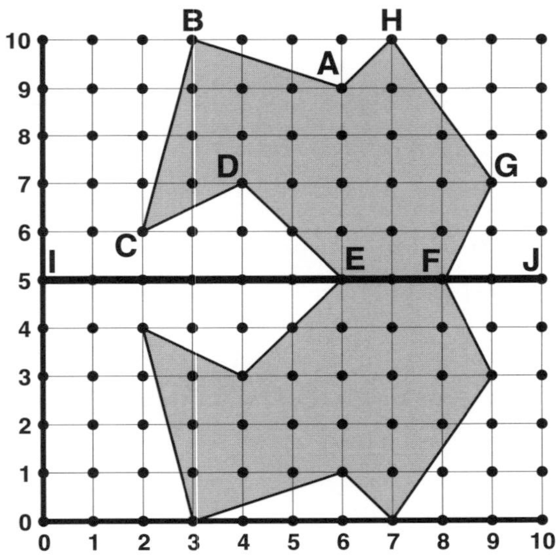

Achsenspiegelung diagonal

Achsenspiegelung diagonal

Achsenspiegelung diagonal

Achsenspiegelung diagonal

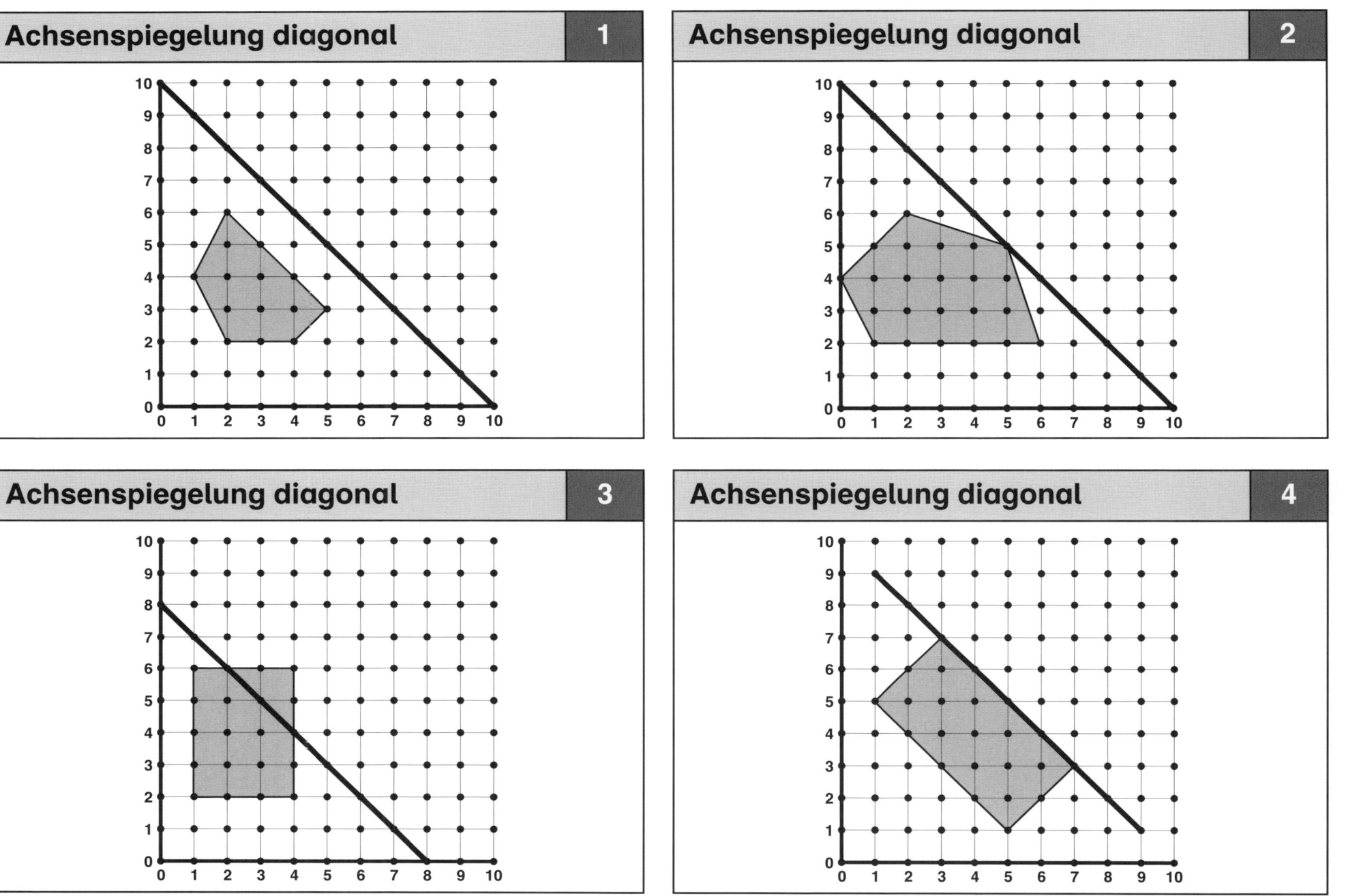

Lösung:

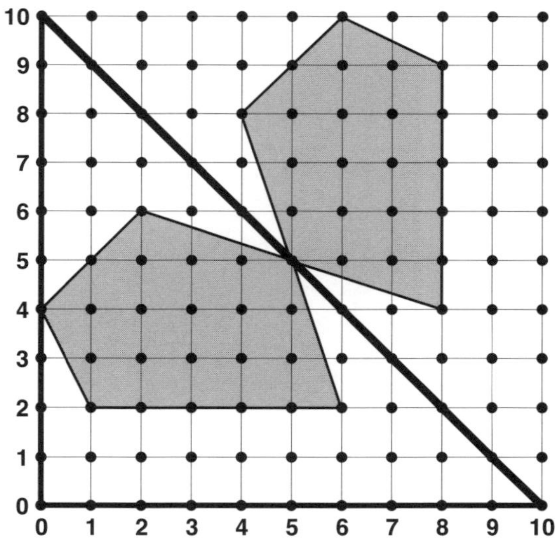

Lösung:

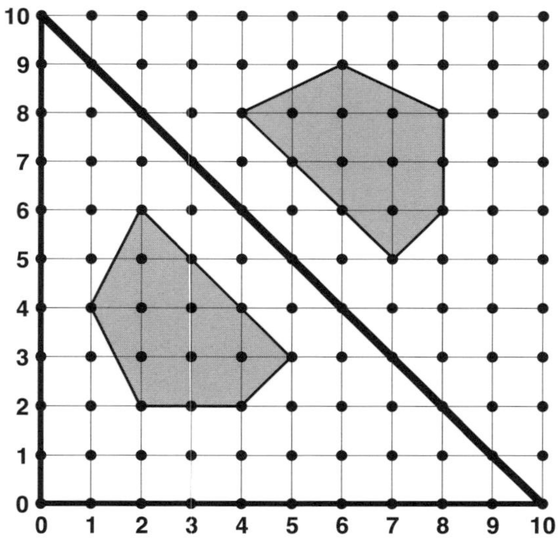

Lösung:

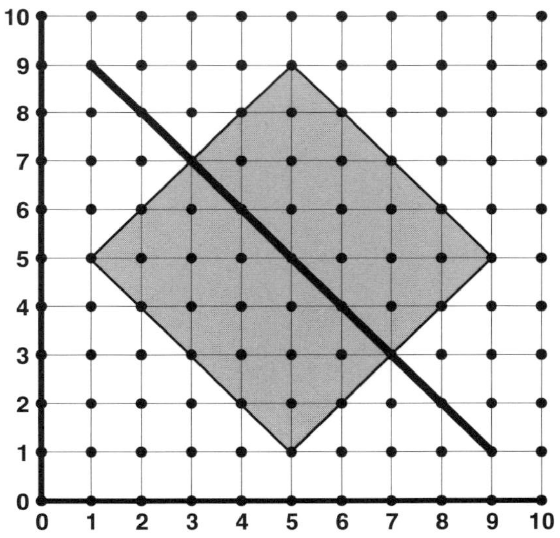

Lösung:

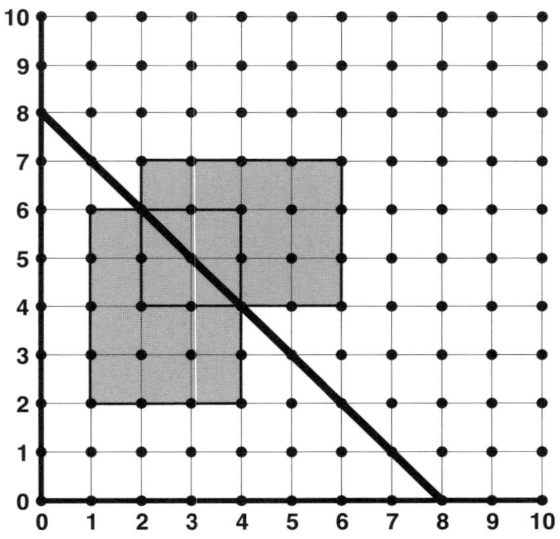

Achsenspiegelung diagonal 5

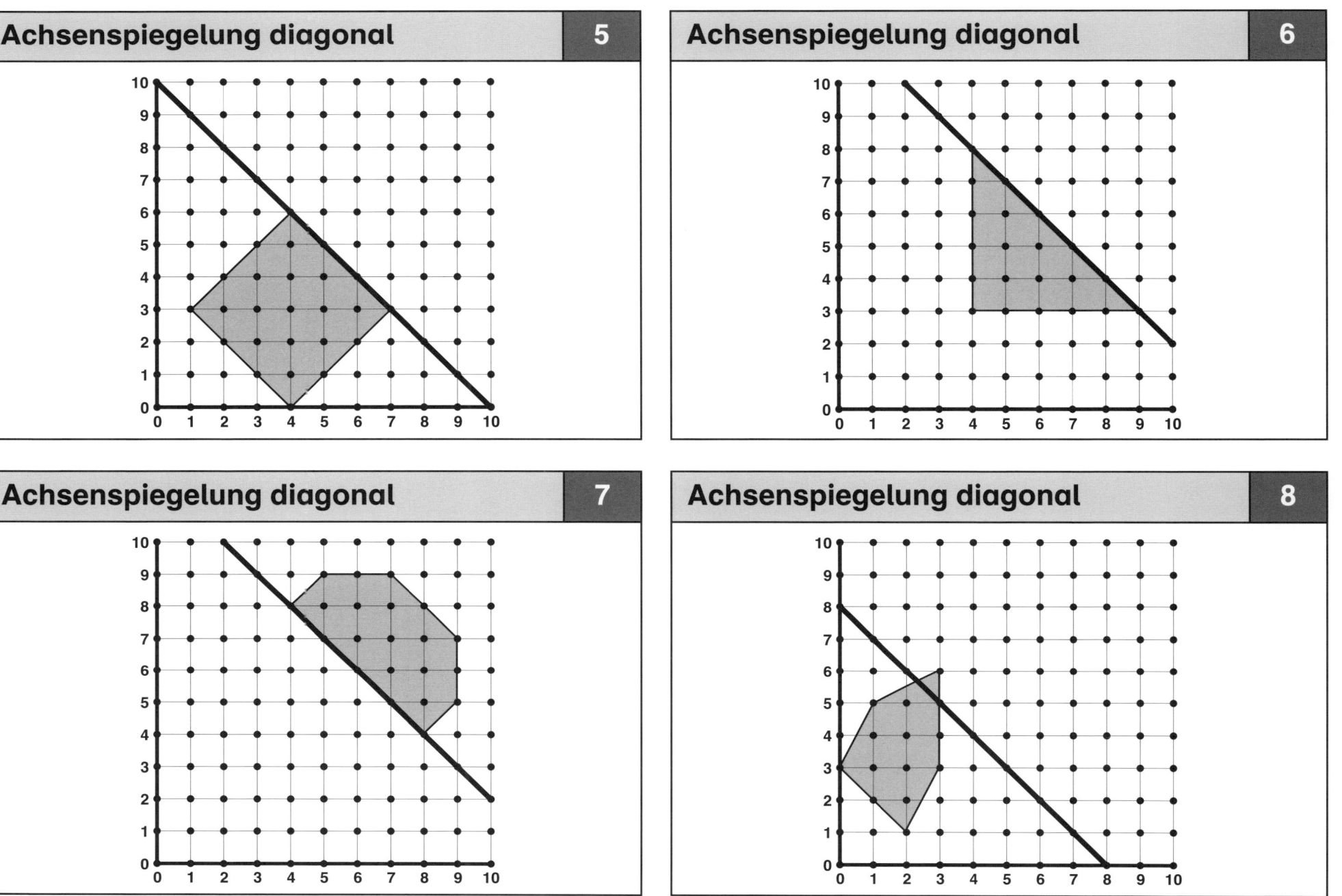

Achsenspiegelung diagonal 6

Achsenspiegelung diagonal 7

Achsenspiegelung diagonal 8

Lösung:

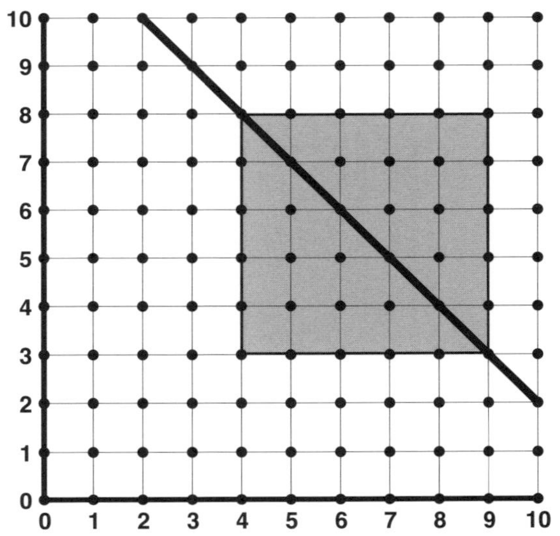

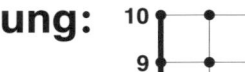

Lösung:

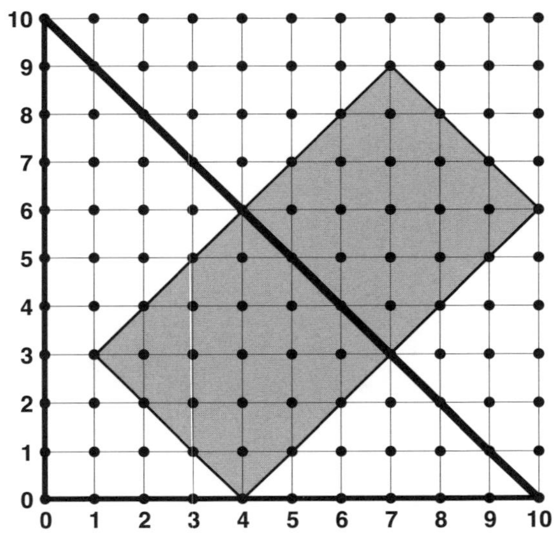

Lösung:

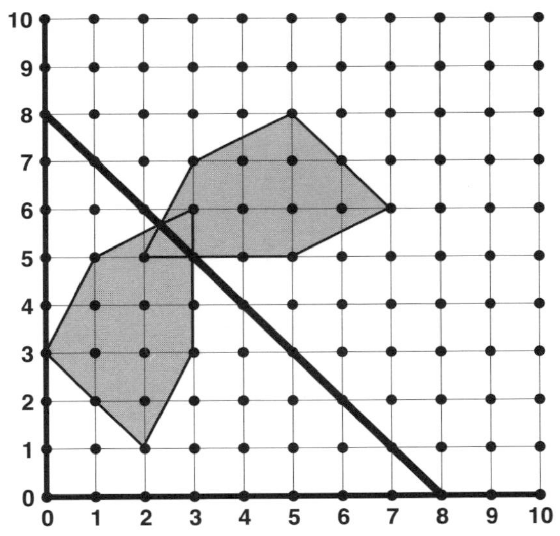

Lösung:

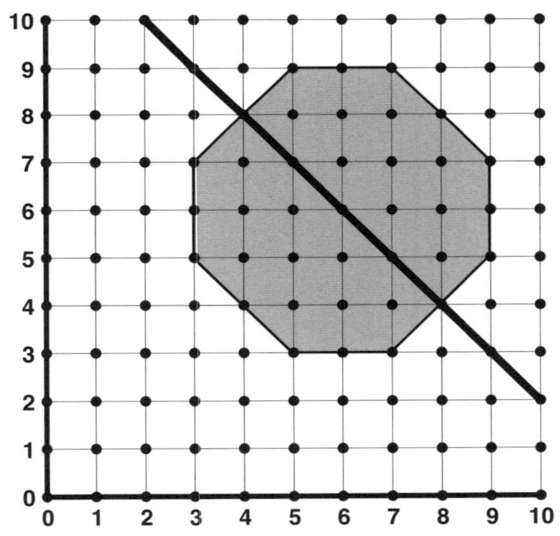

Achsenspiegelung diagonal 9

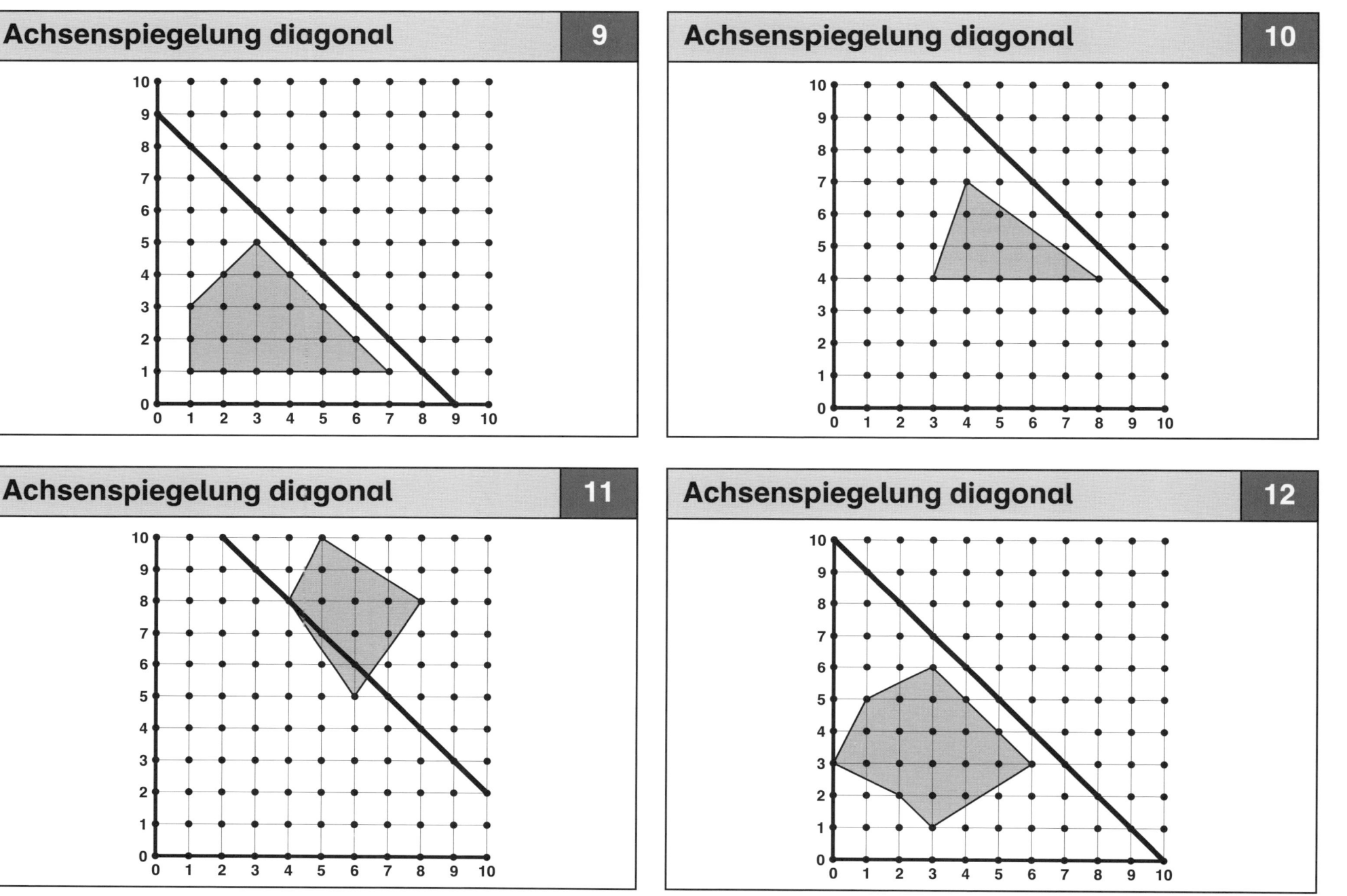

Achsenspiegelung diagonal 10

Achsenspiegelung diagonal 11

Achsenspiegelung diagonal 12

Lösung:

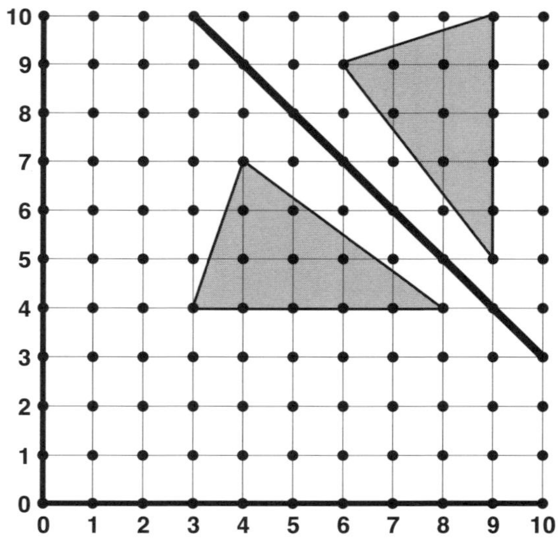

Lösung:

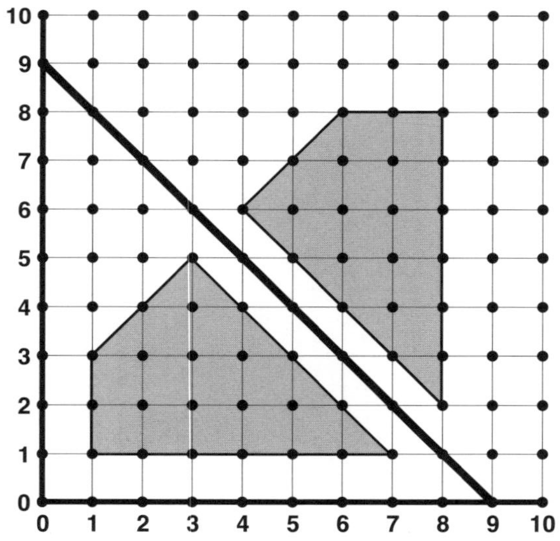

Lösung:

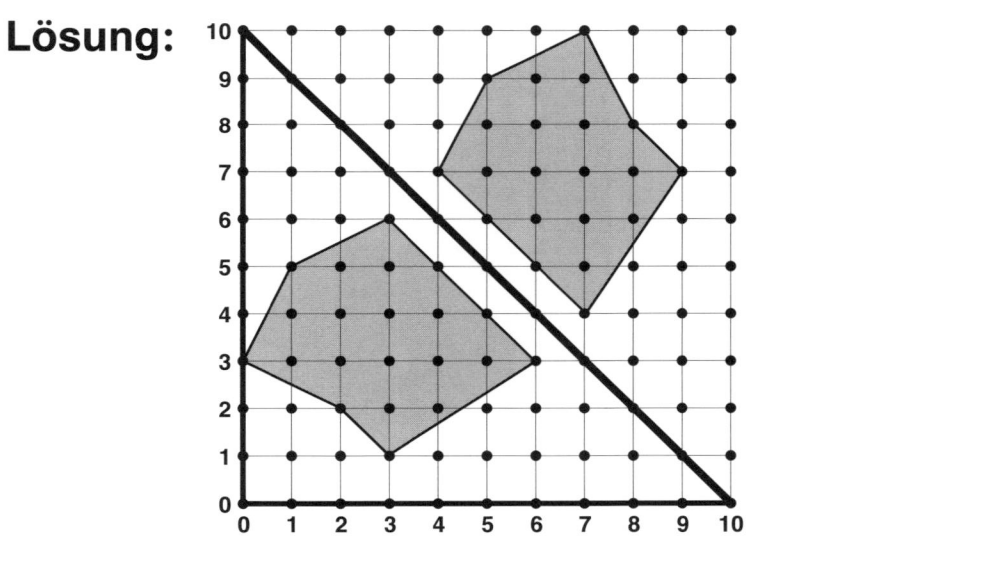

Lösung:

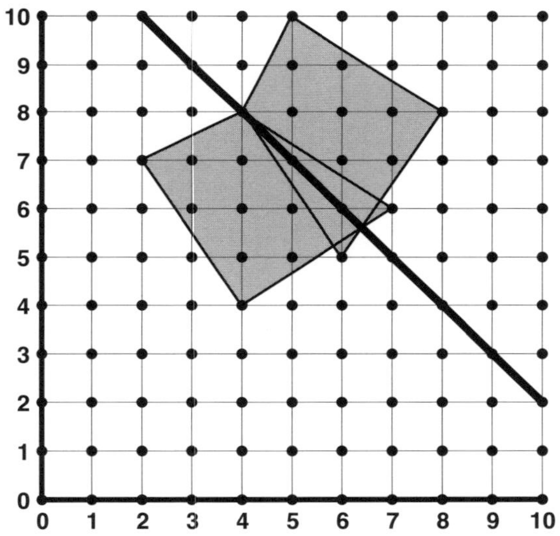

Achsenspiegelung diagonal — 13

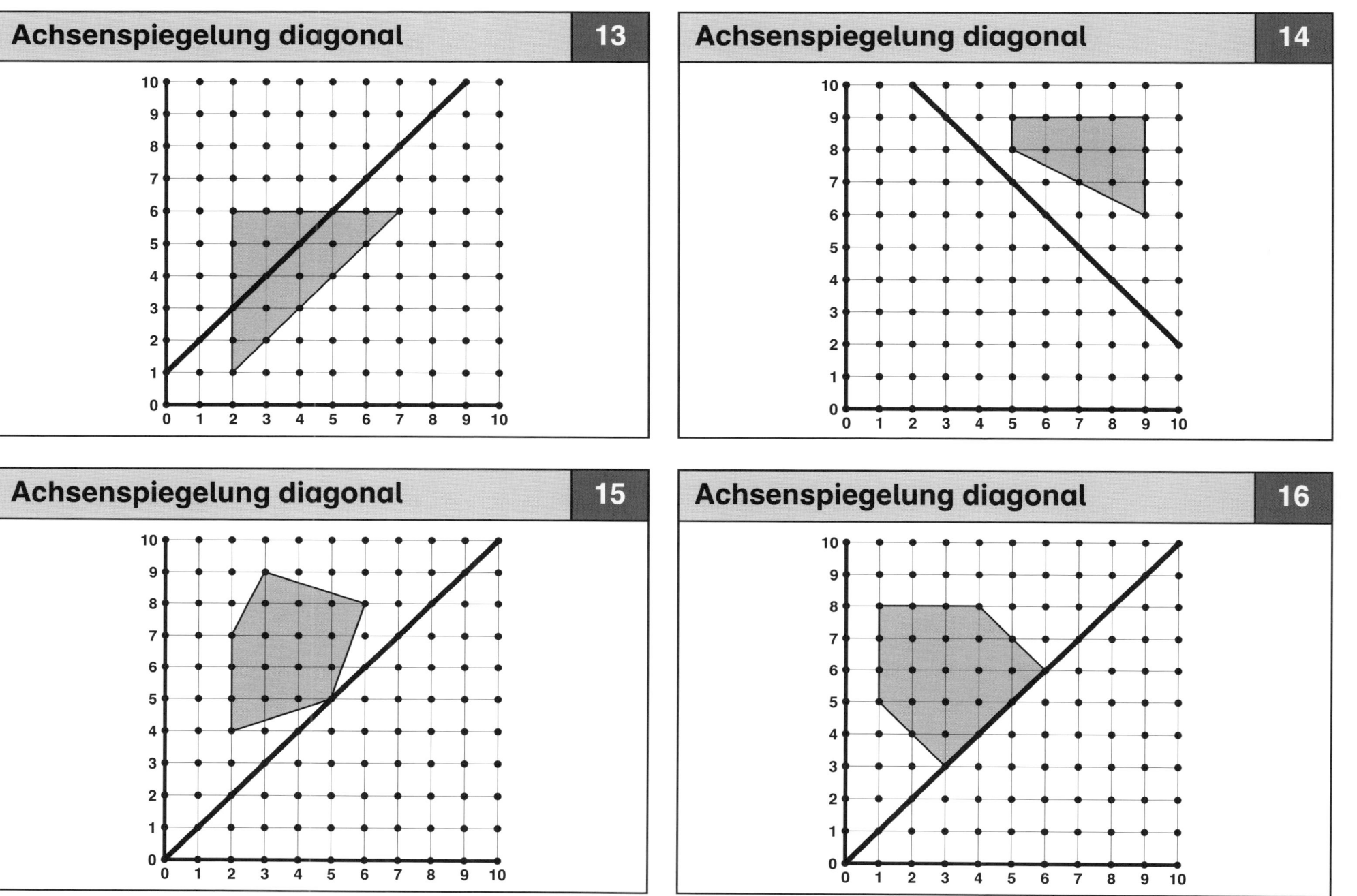

Achsenspiegelung diagonal — 14

Achsenspiegelung diagonal — 15

Achsenspiegelung diagonal — 16

Lösung:

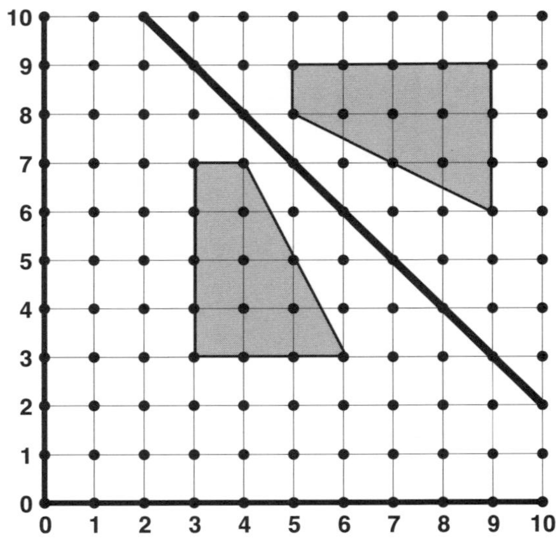

Lösung:

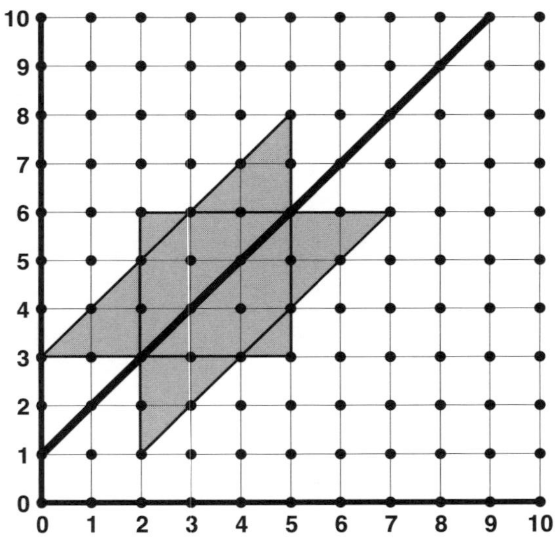

Lösung:

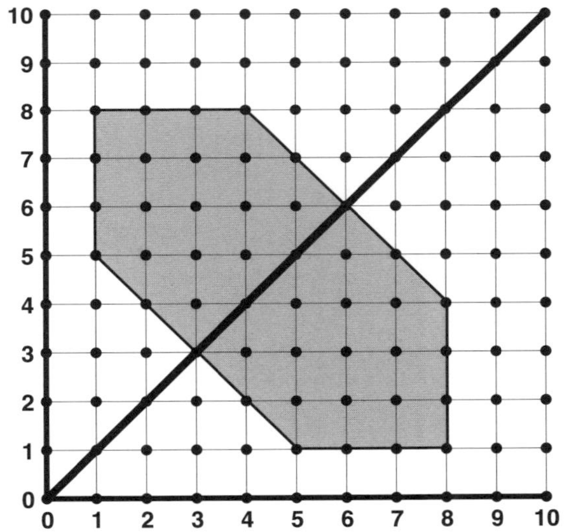

Lösung:

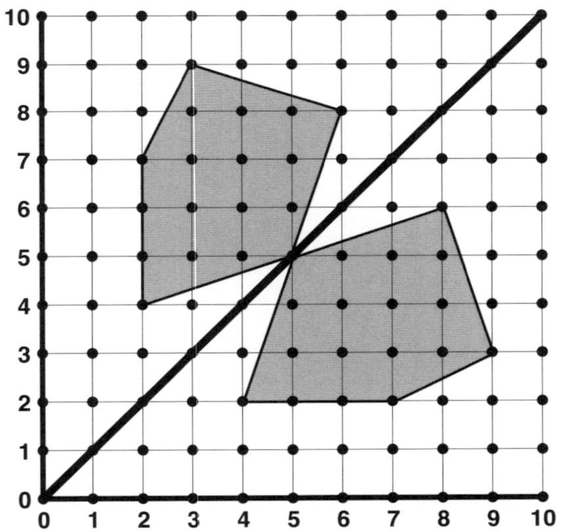

Lüttringhaus: Das große Geobrett · Band 1 : Geometrische Konstruktionen
© Brigg Pädagogik Verlag GmbH, Augsburg

Achsenspiegelung diagonal 17

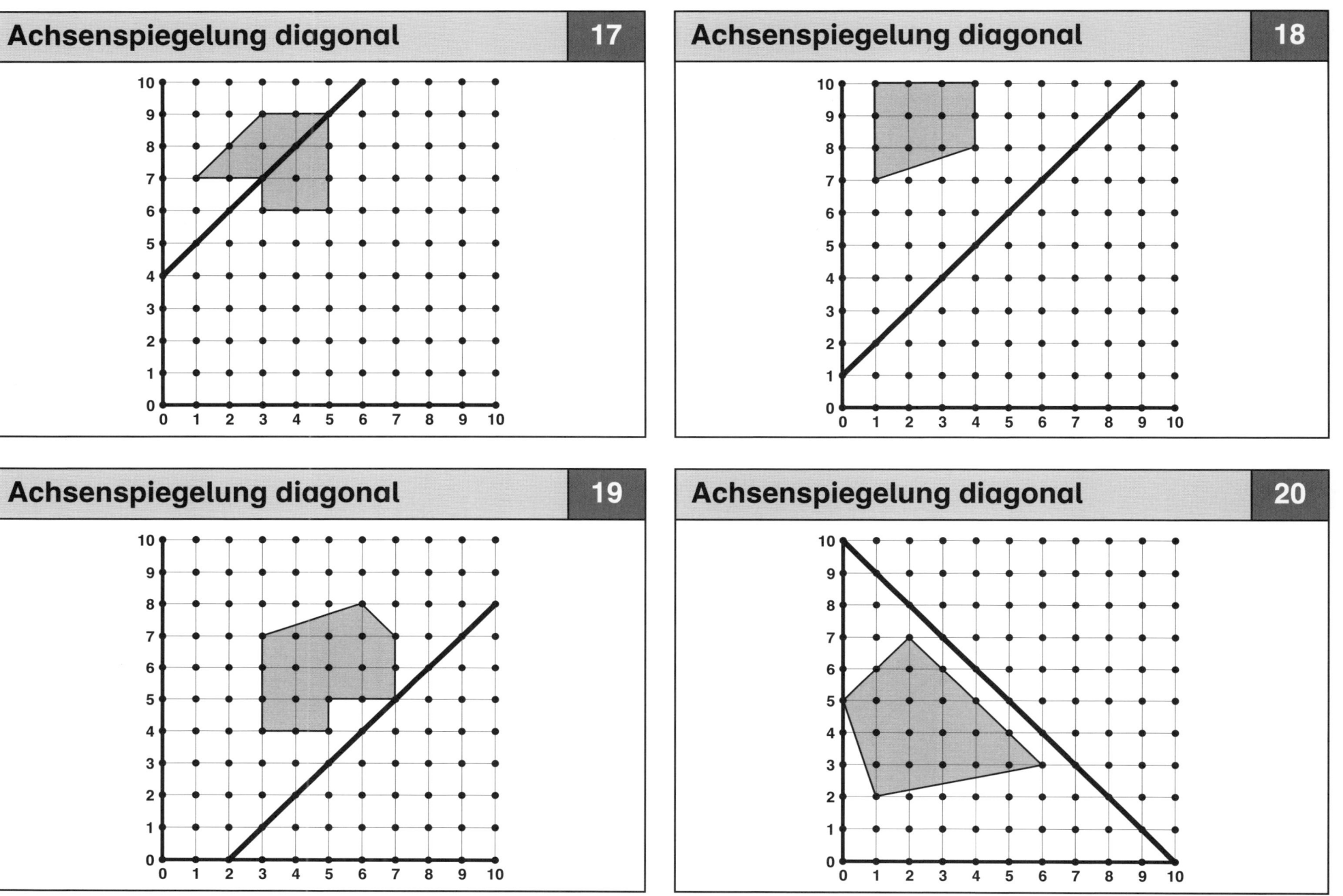

Achsenspiegelung diagonal 18

Achsenspiegelung diagonal 19

Achsenspiegelung diagonal 20

Lösung:

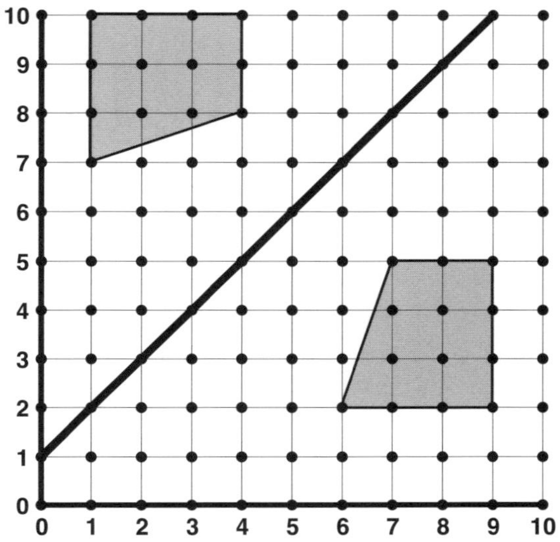

Lösung:

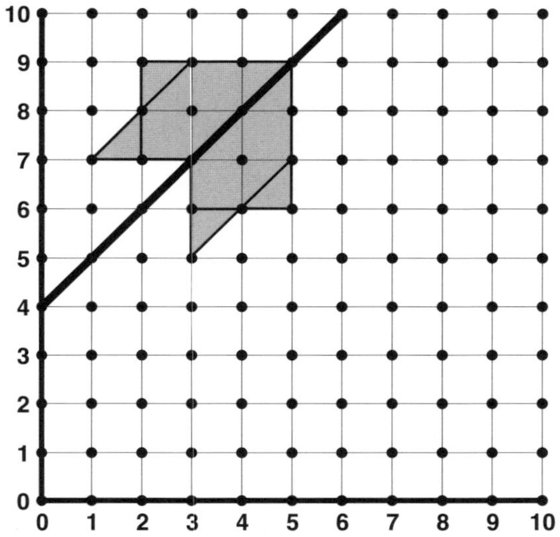

Lösung:

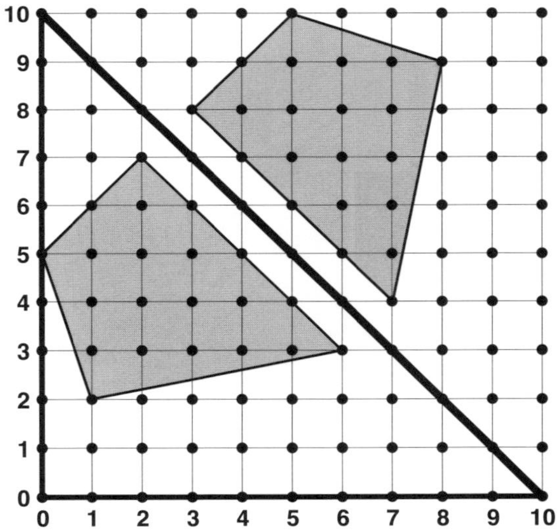

Lösung:

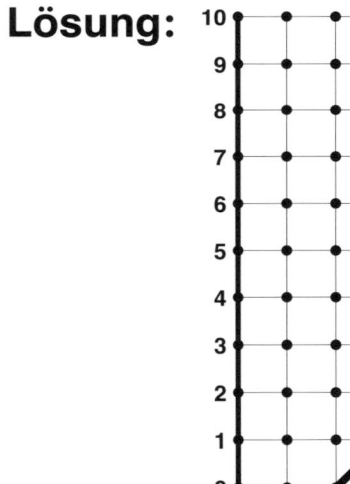

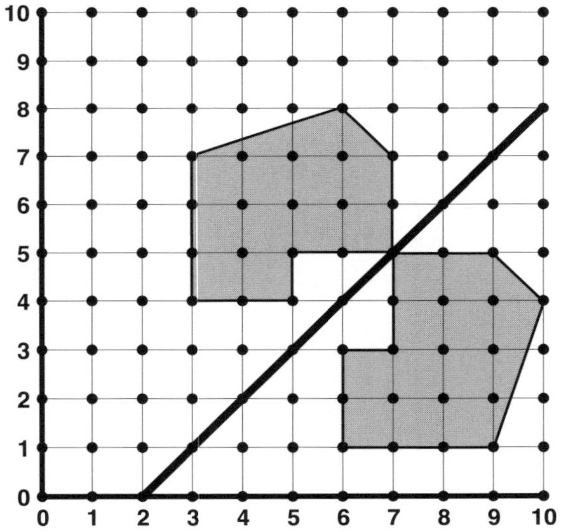

Achsenspiegelung diagonal — 21

Spanne die Figur mit den Eckpunkten
(in der angegebenen Reihenfolge)

A(2|5), B(0|5), C(0|0), D(5|0), E(5|2)

und spiegle sie an der Spiegelachse durch die Punkte F(0|8) und G(8|0)!

Achsenspiegelung diagonal — 22

Spanne die Figur mit den Eckpunkten
(in der angegebenen Reihenfolge)

A(7|9), B(5|9), C(5|7), D(6|6), E(8|5), F(8|8)

und spiegle sie an der Spiegelachse durch die Punkte G(2|10) und H(10|2)!

Achsenspiegelung diagonal — 23

Spanne die Figur mit den Eckpunkten
(in der angegebenen Reihenfolge)

A(1|7), B(3|7), C(8|2), D(3|2), E(3|4), F(1|4)

und spiegle sie an der Spiegelachse durch die Punkte G(1|10) und H(10|1)!

Achsenspiegelung diagonal — 24

Spanne die Figur mit den Eckpunkten
(in der angegebenen Reihenfolge)

A(10|5), B(7|9), C(4|9), D(4|7), E(6|7), F(6|5)

und spiegle sie an der Spiegelachse durch die Punkte G(2|1) und H(10|2)!

Lösung:

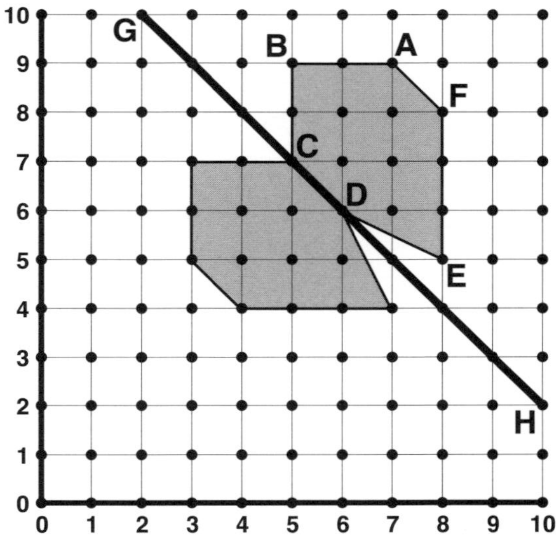

Lösung:

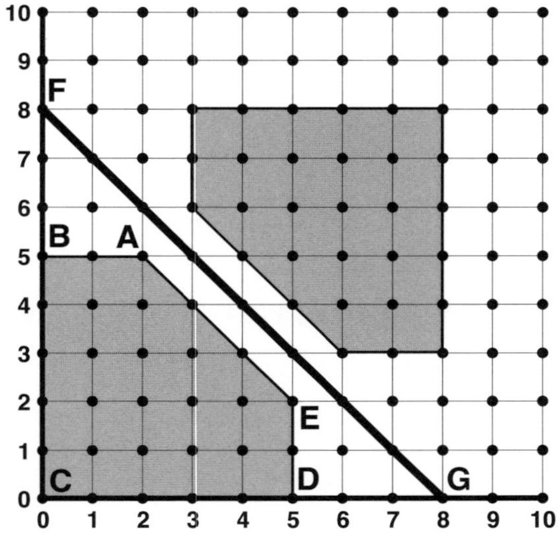

Lösung:

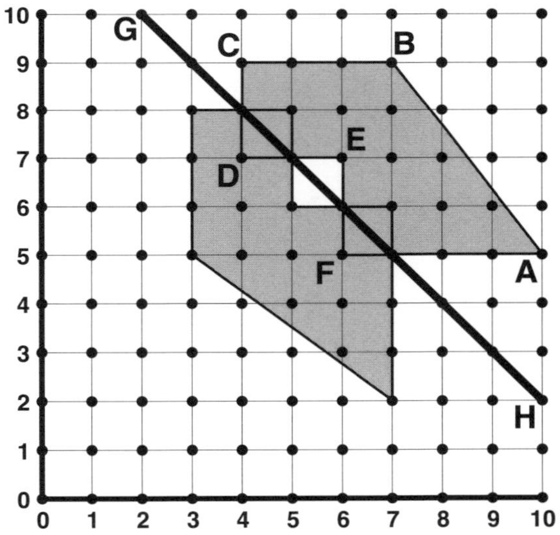

Lösung:

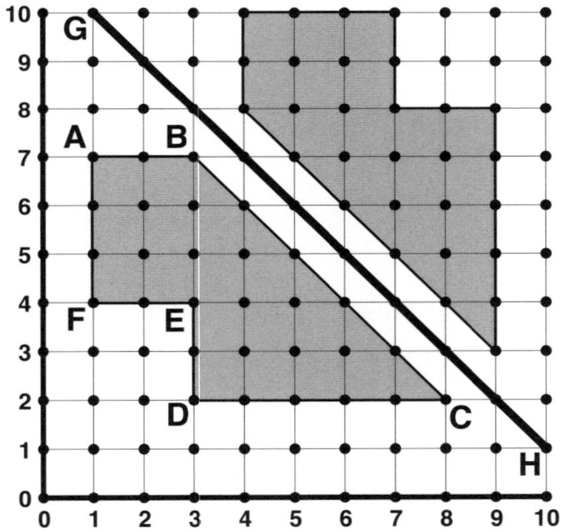

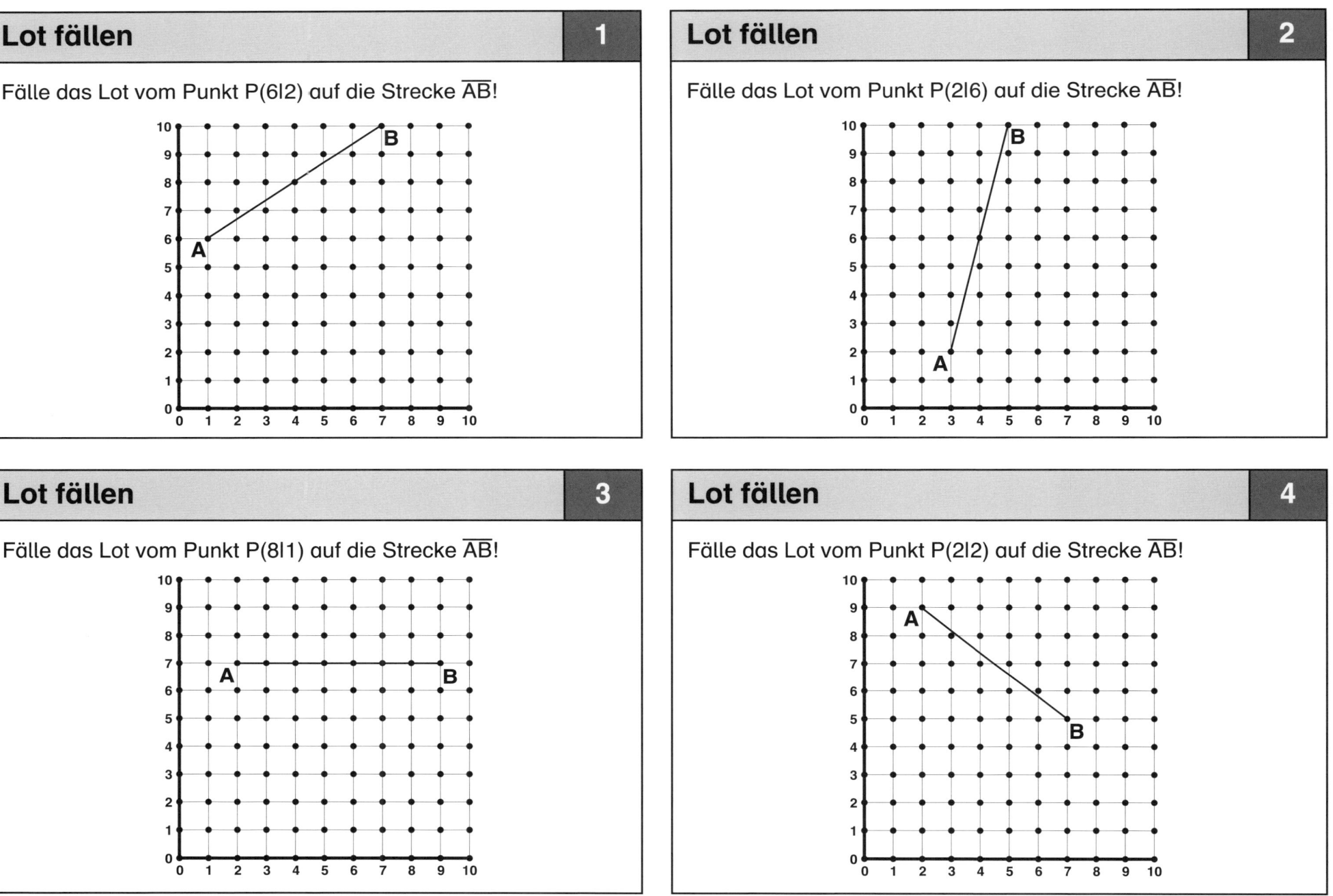

Lot fällen

2

Fälle das Lot vom Punkt P(2|6) auf die Strecke $\overline{AB}$!

Lot fällen

4

Fälle das Lot vom Punkt P(2|2) auf die Strecke $\overline{AB}$!

Lot fällen

1

Fälle das Lot vom Punkt P(6|2) auf die Strecke $\overline{AB}$!

Lot fällen

3

Fälle das Lot vom Punkt P(8|1) auf die Strecke $\overline{AB}$!

Lösung:

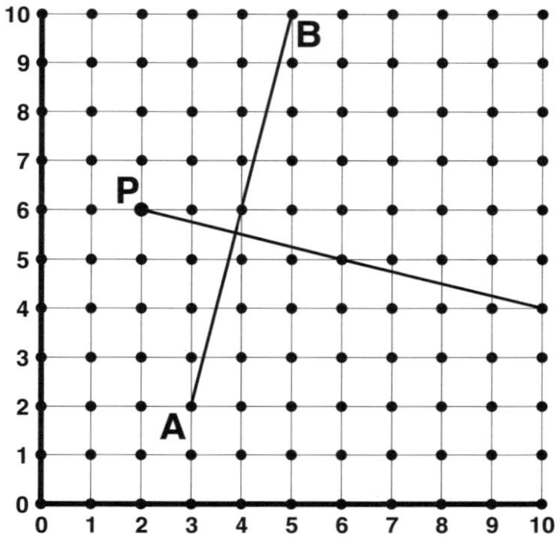

Lösung:

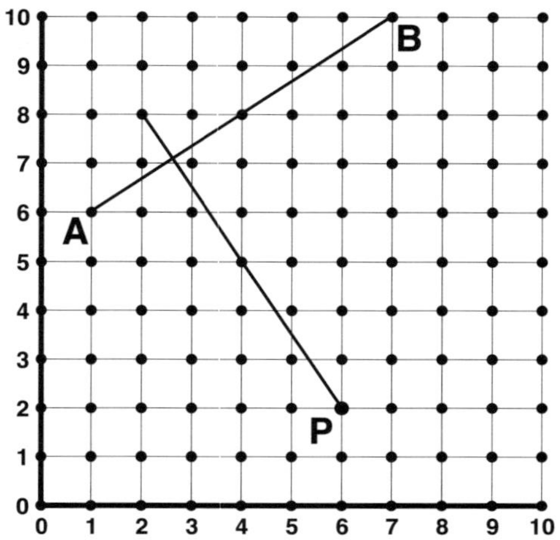

Lösung:

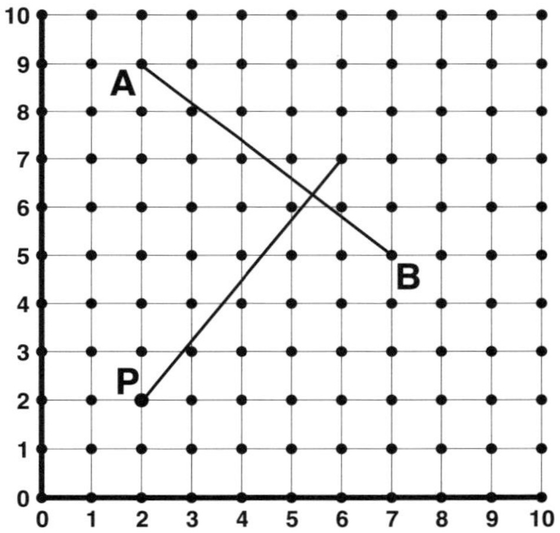

Lösung:

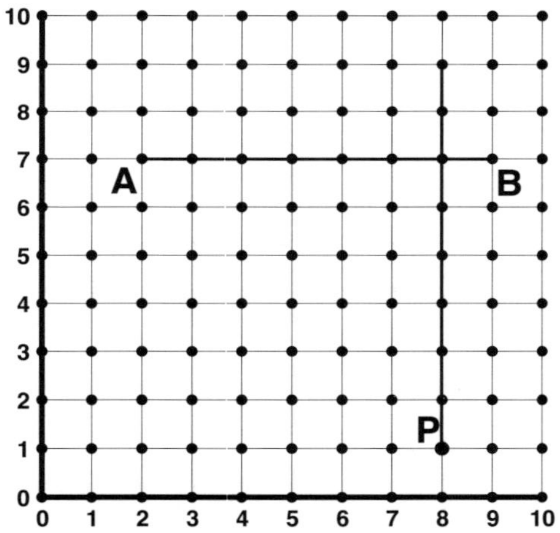

Lot errichten

5

Errichte im Punkt P(6|3) das Lot auf der Strecke $\overline{AB}$!

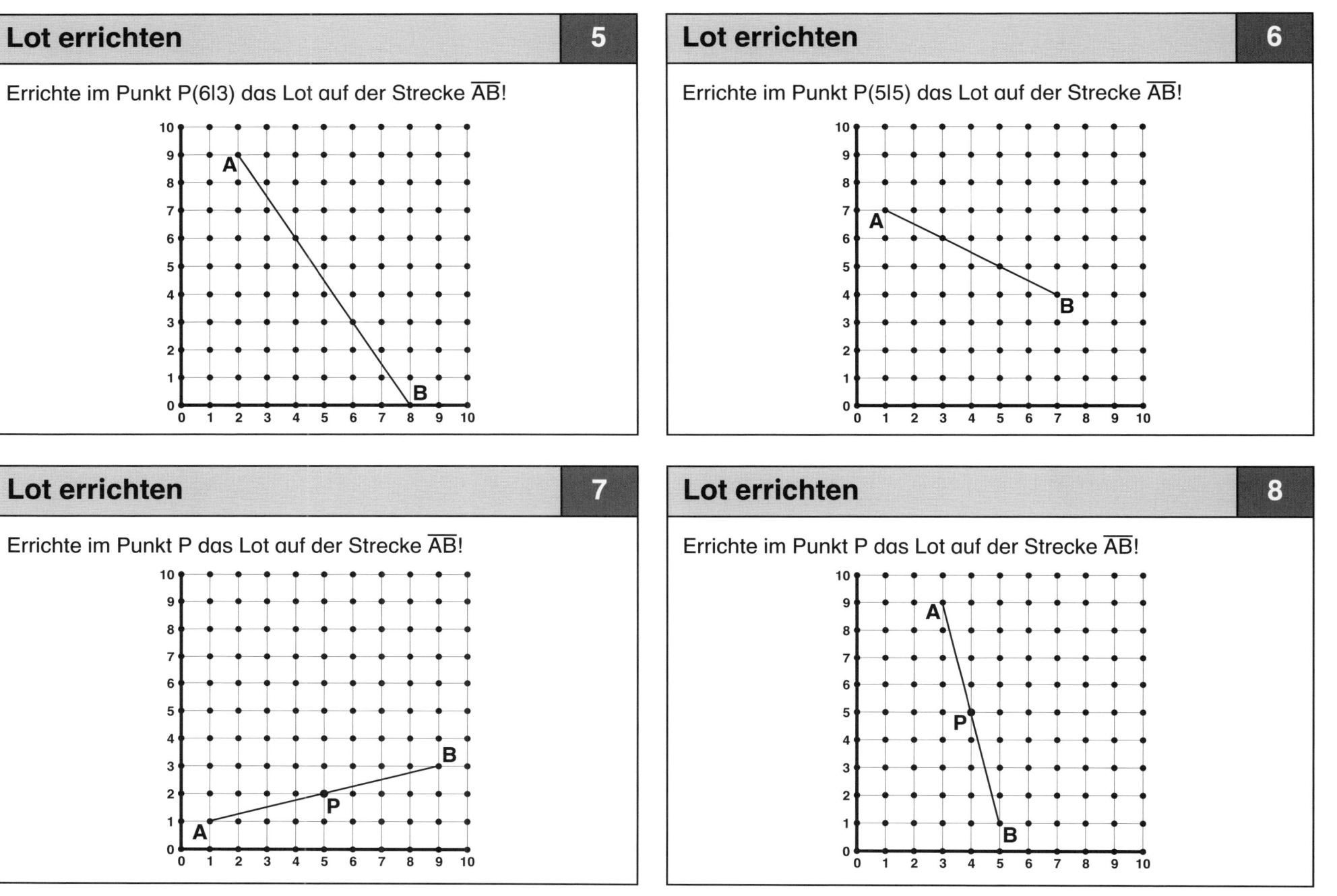

Lot errichten

6

Errichte im Punkt P(5|5) das Lot auf der Strecke $\overline{AB}$!

Lot errichten

7

Errichte im Punkt P das Lot auf der Strecke $\overline{AB}$!

Lot errichten

8

Errichte im Punkt P das Lot auf der Strecke $\overline{AB}$!

Lösung:

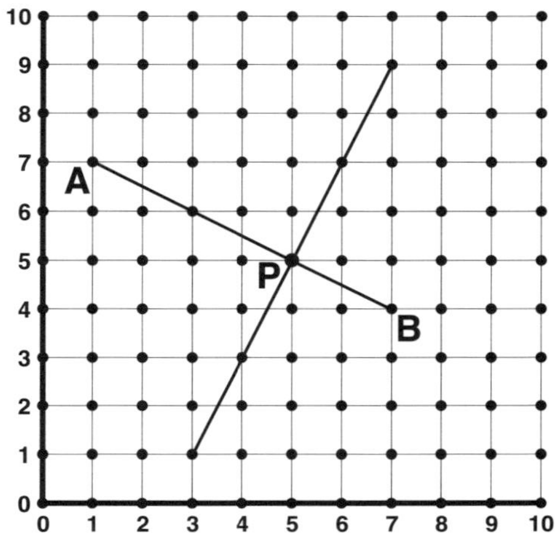

Lösung:

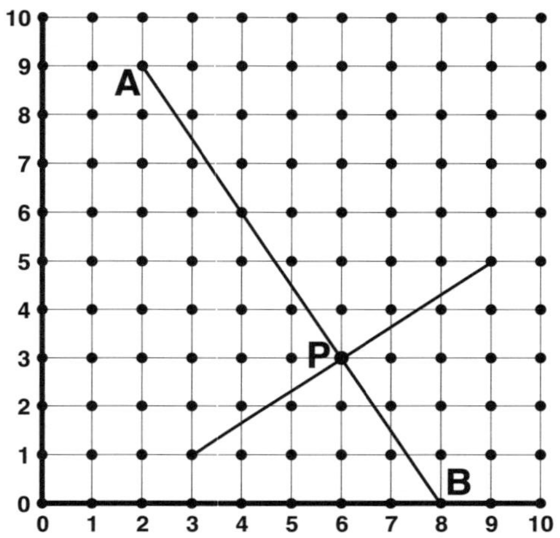

Lösung:

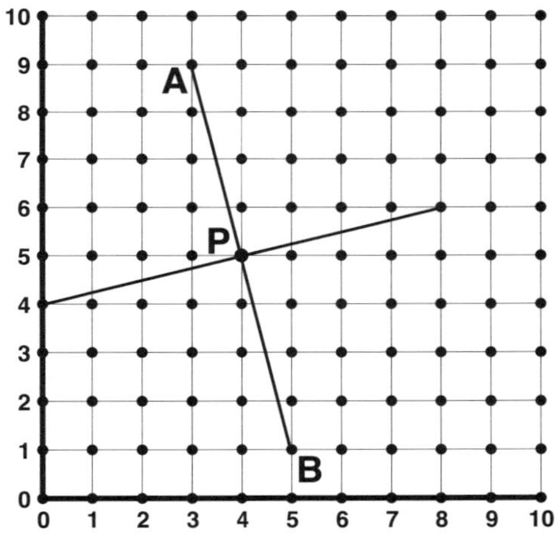

Lösung:

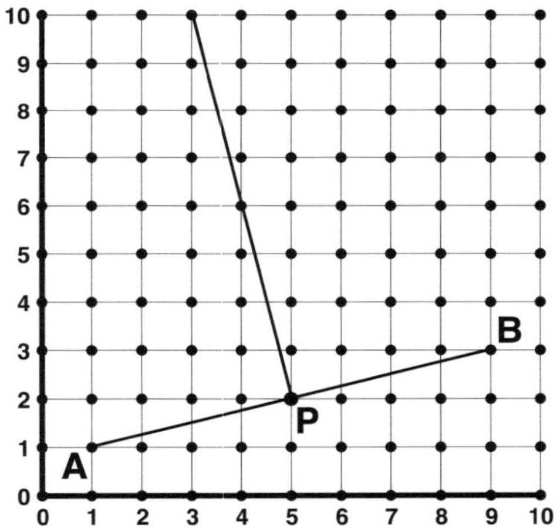

9

Lot fällen

Fälle das Lot vom Punkt P auf die Strecke $\overline{AB}$!

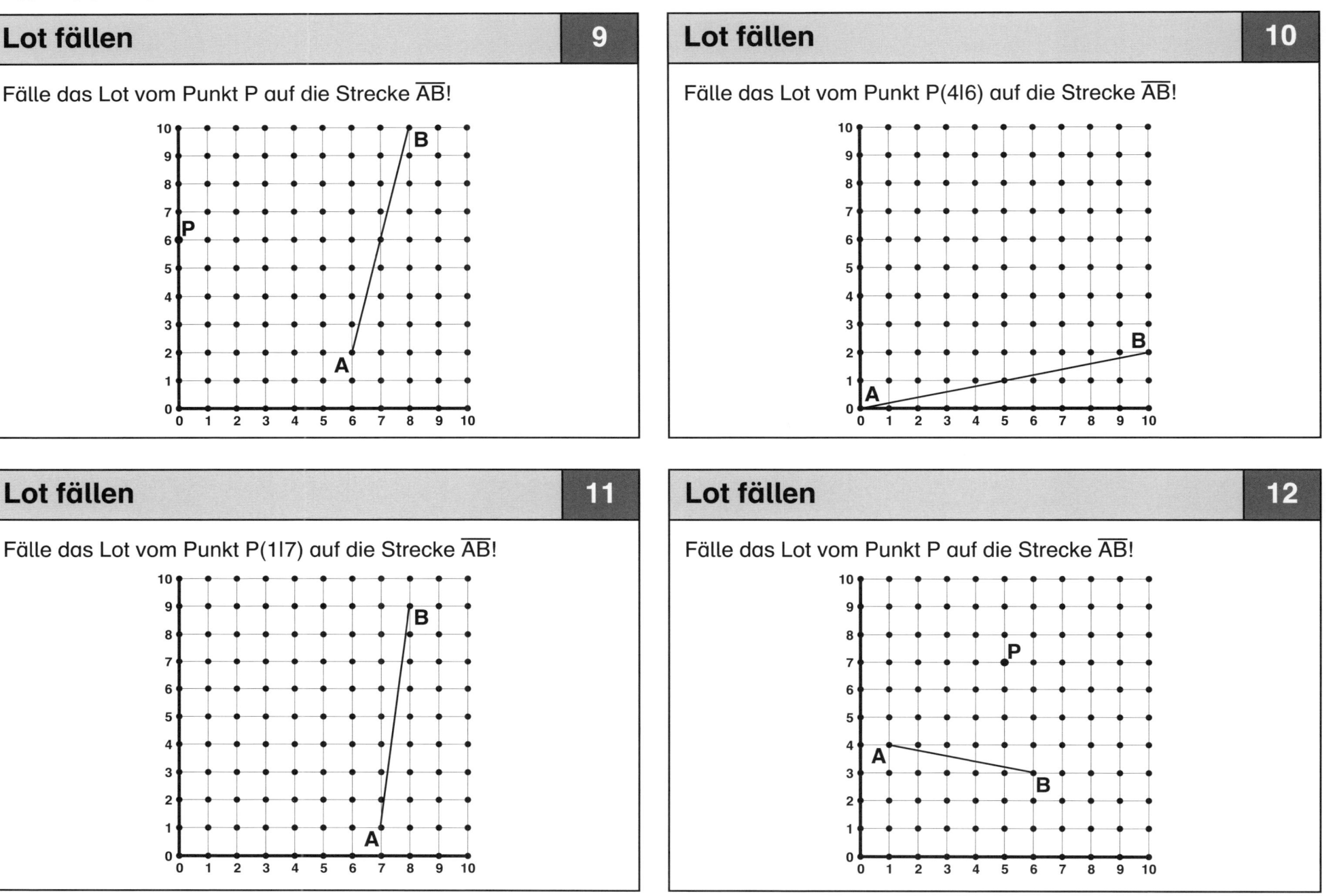

10

Lot fällen

Fälle das Lot vom Punkt P(4|6) auf die Strecke $\overline{AB}$!

11

Lot fällen

Fälle das Lot vom Punkt P(1|7) auf die Strecke $\overline{AB}$!

12

Lot fällen

Fälle das Lot vom Punkt P auf die Strecke $\overline{AB}$!

Lösung:

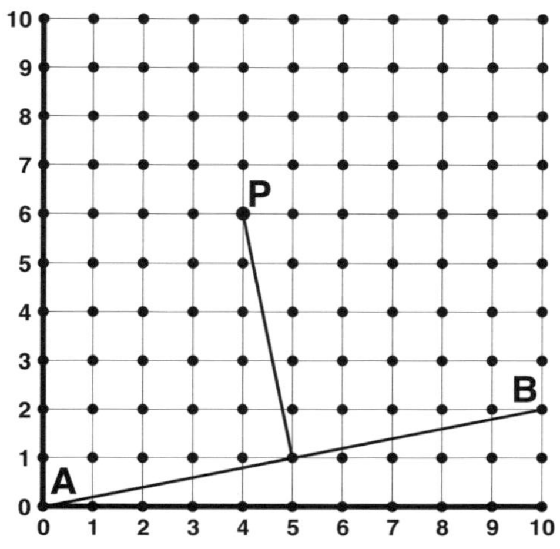

Lösung:

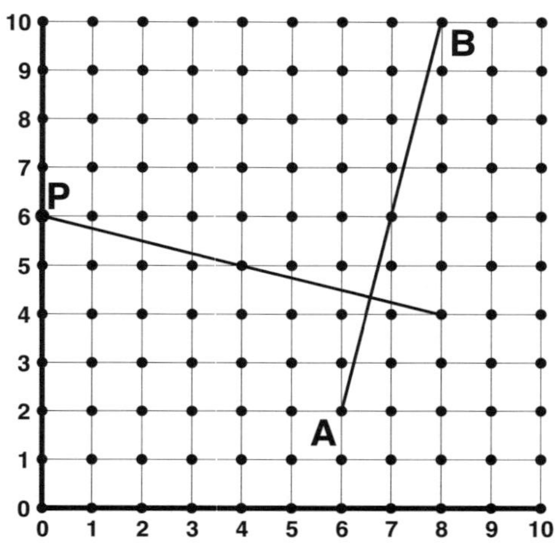

Lösung:

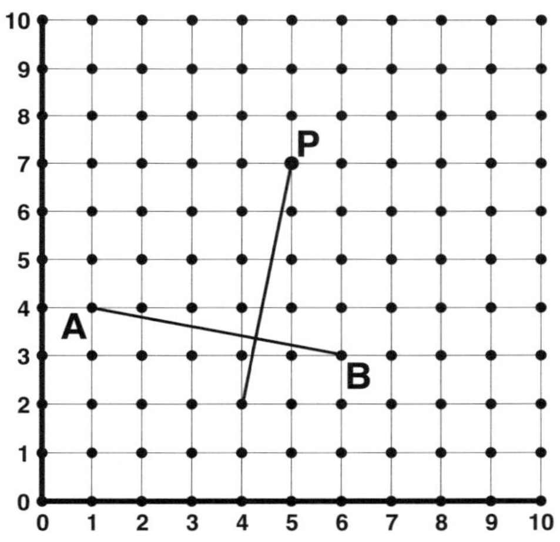

Lösung:

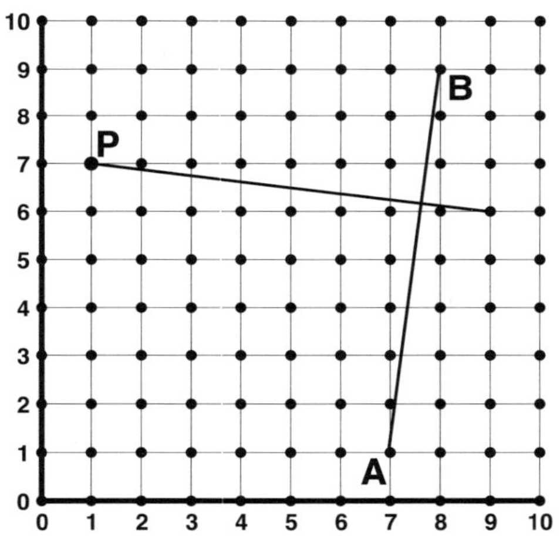

Lüttringhaus: Das große Geobrett · Band 1: Geometrische Konstruktionen
© Brigg Pädagogik Verlag GmbH, Augsburg

13

Lot fällen

Fälle das Lot vom Punkt P(3|2) auf die Strecke $\overline{AB}$!

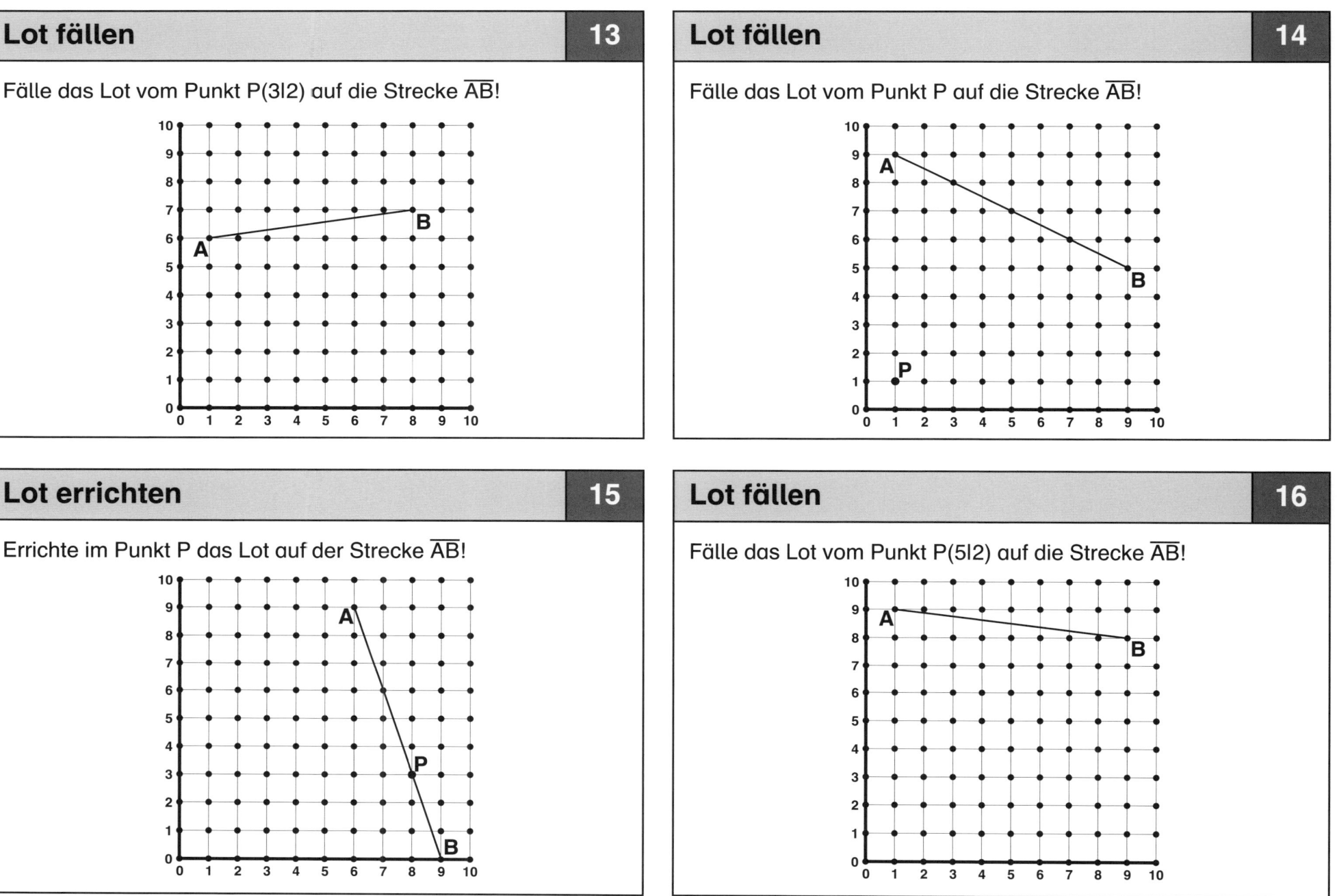

14

Lot fällen

Fälle das Lot vom Punkt P auf die Strecke $\overline{AB}$!

15

Lot errichten

Errichte im Punkt P das Lot auf der Strecke $\overline{AB}$!

16

Lot fällen

Fälle das Lot vom Punkt P(5|2) auf die Strecke $\overline{AB}$!

Lösung:

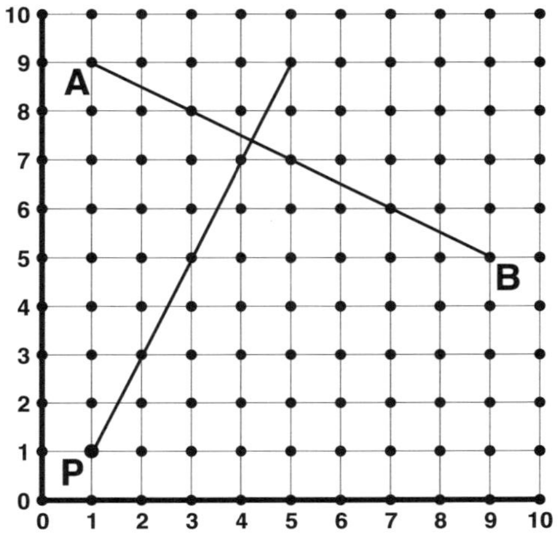

Lösung:

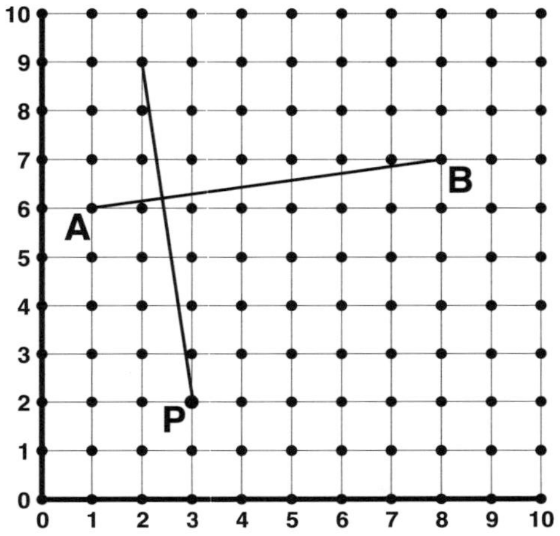

Lösung:

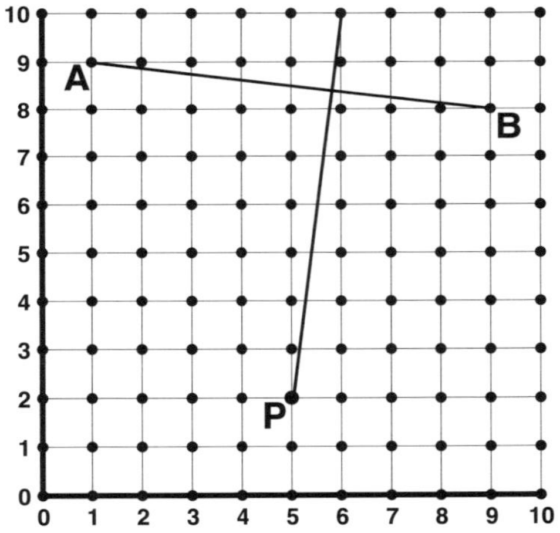

Lösung:

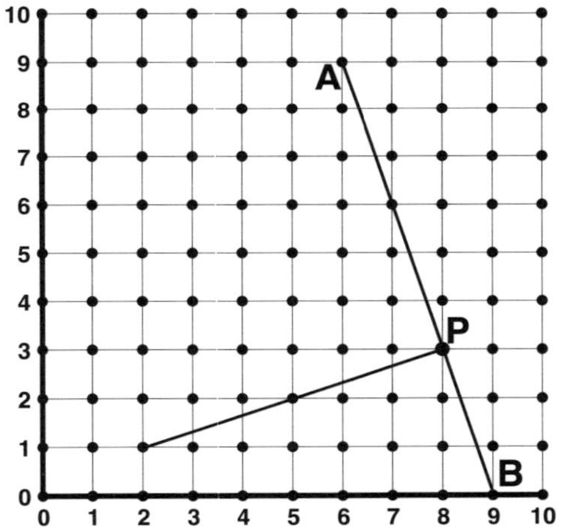

Mittelsenkrechte finden **1**

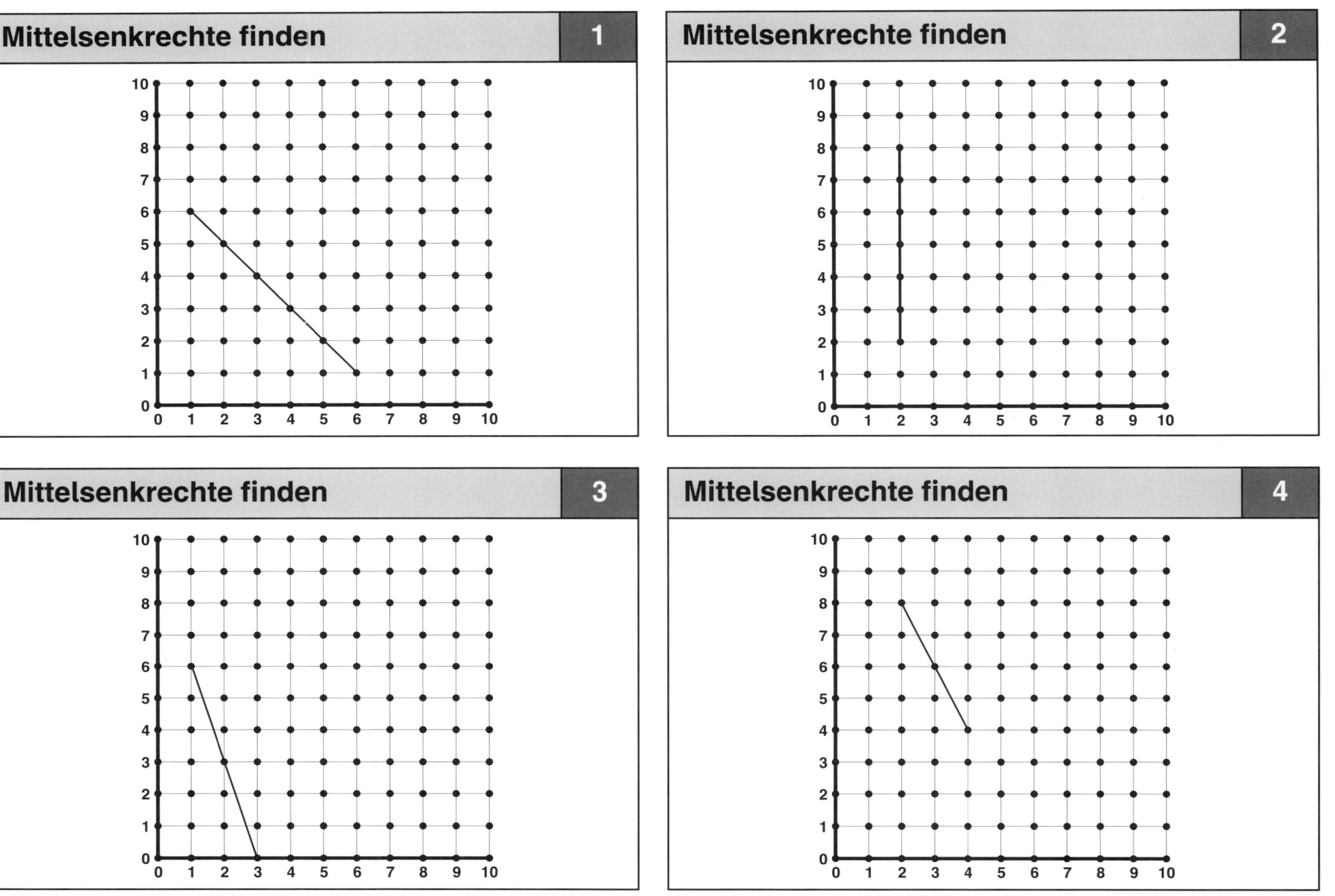

Mittelsenkrechte finden **2**

Mittelsenkrechte finden **3**

Mittelsenkrechte finden **4**

Lösung:

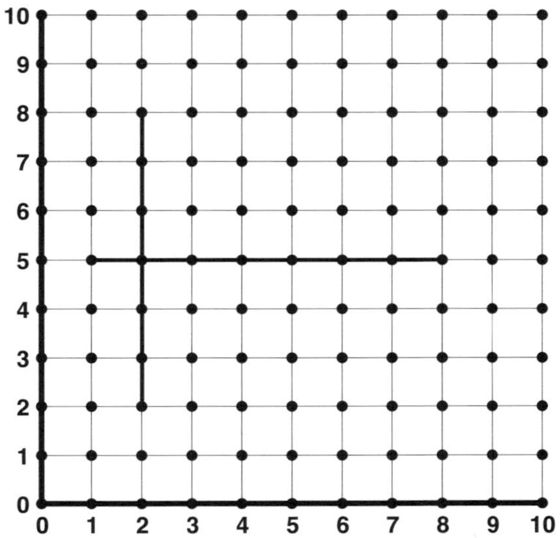

Lösung:

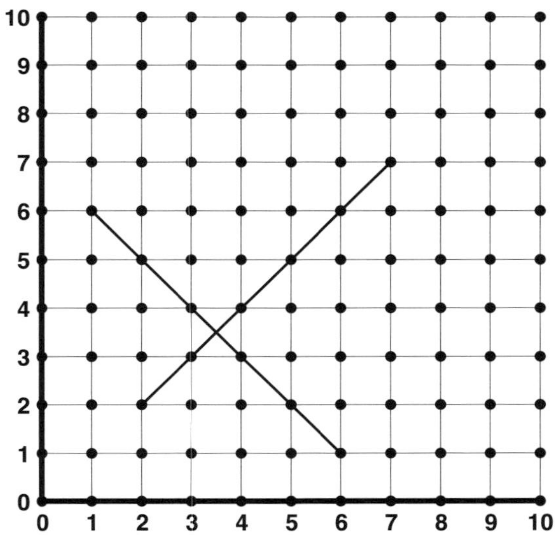

Lösung:

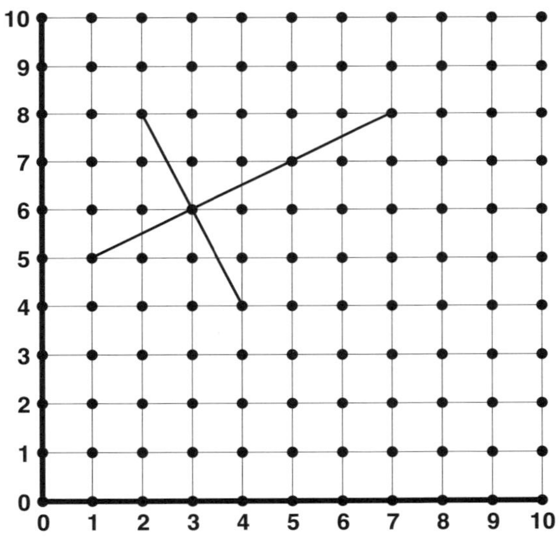

Lösung:

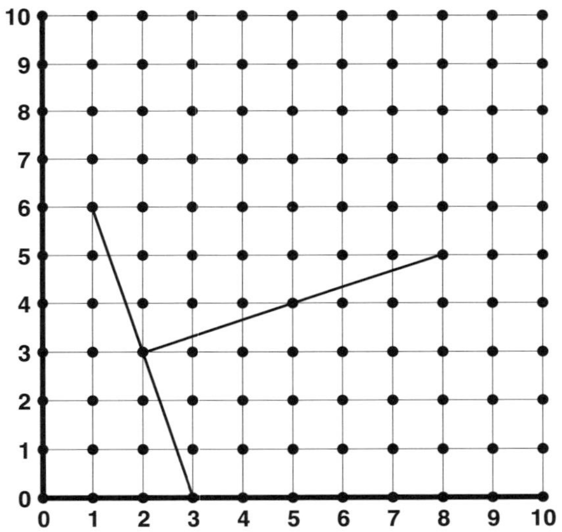

Mittelsenkrechte finden 5

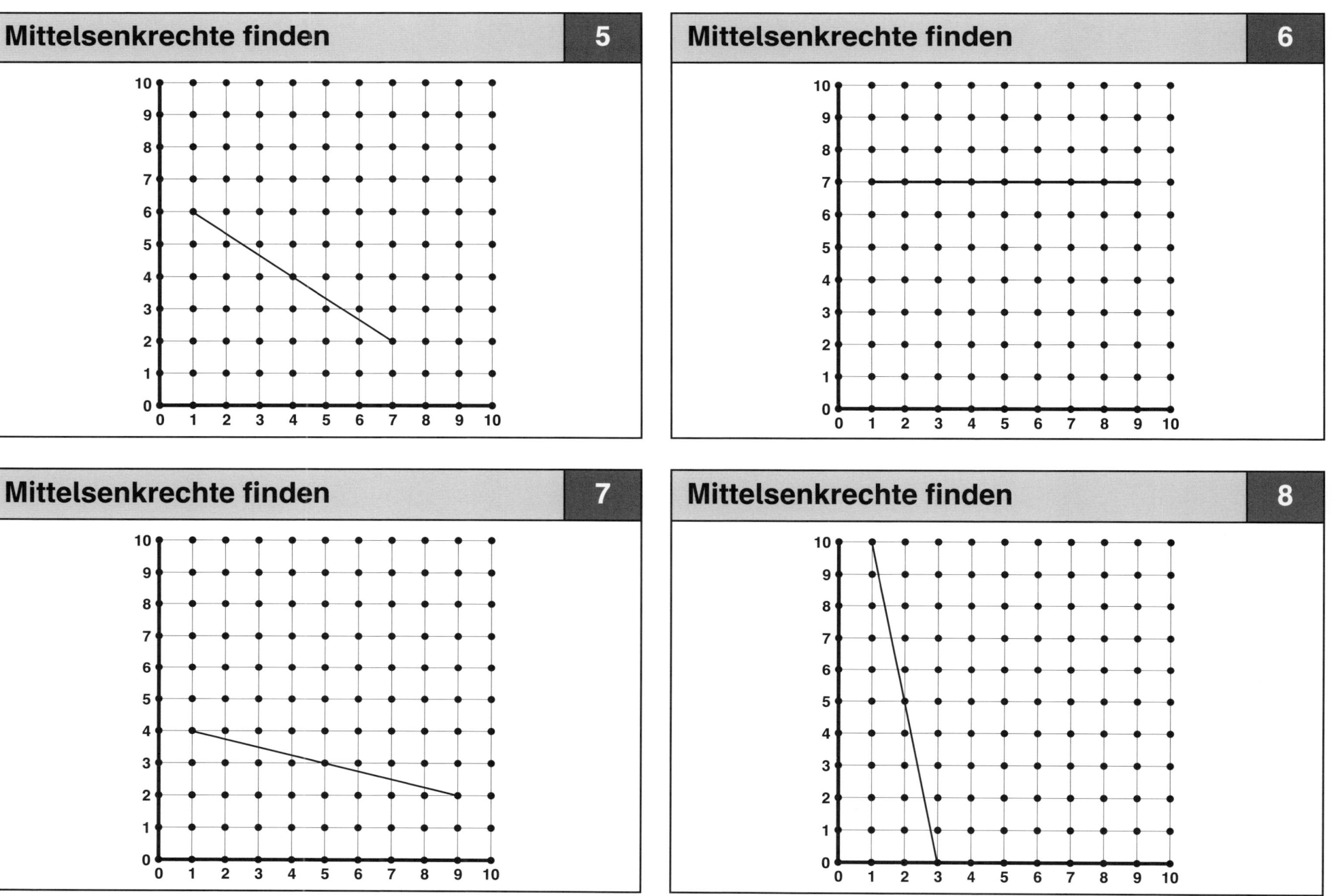

Mittelsenkrechte finden 6

Mittelsenkrechte finden 7

Mittelsenkrechte finden 8

Lüttringhaus: Das große Geobrett · Band 1: Geometrische Konstruktionen
© Brigg Pädagogik Verlag GmbH, Augsburg

Lösung:

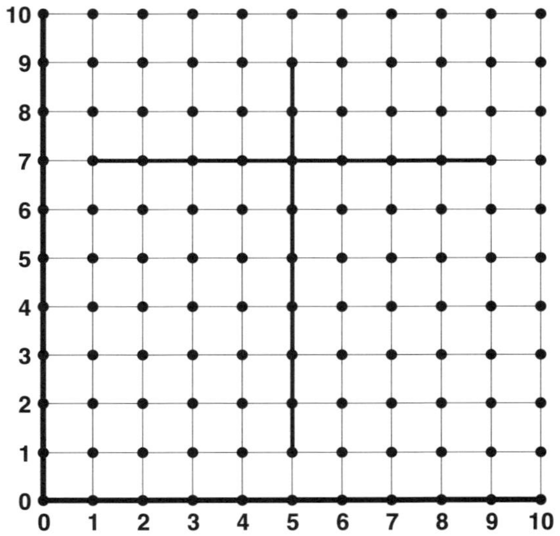

Lösung:

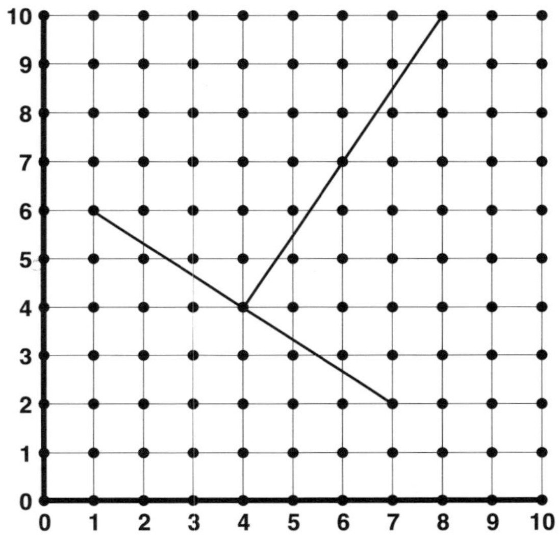

Lösung:

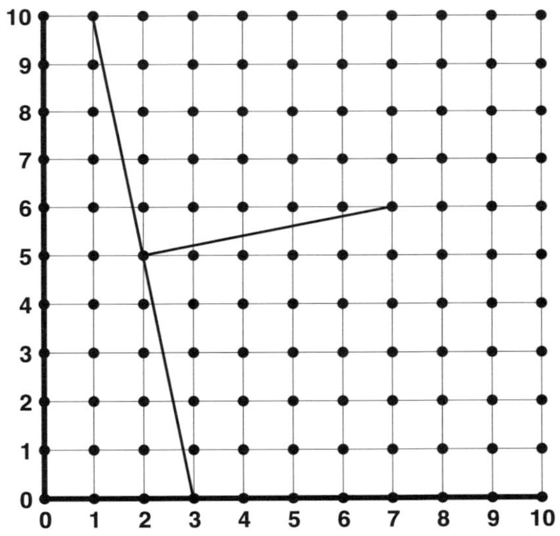

Lösung:

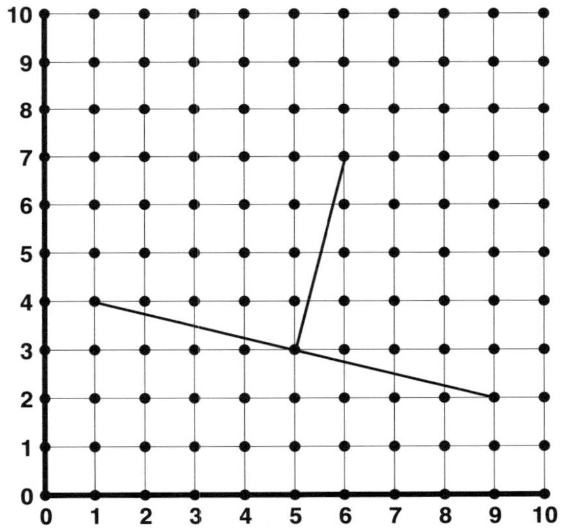

Mittelsenkrechte finden 9

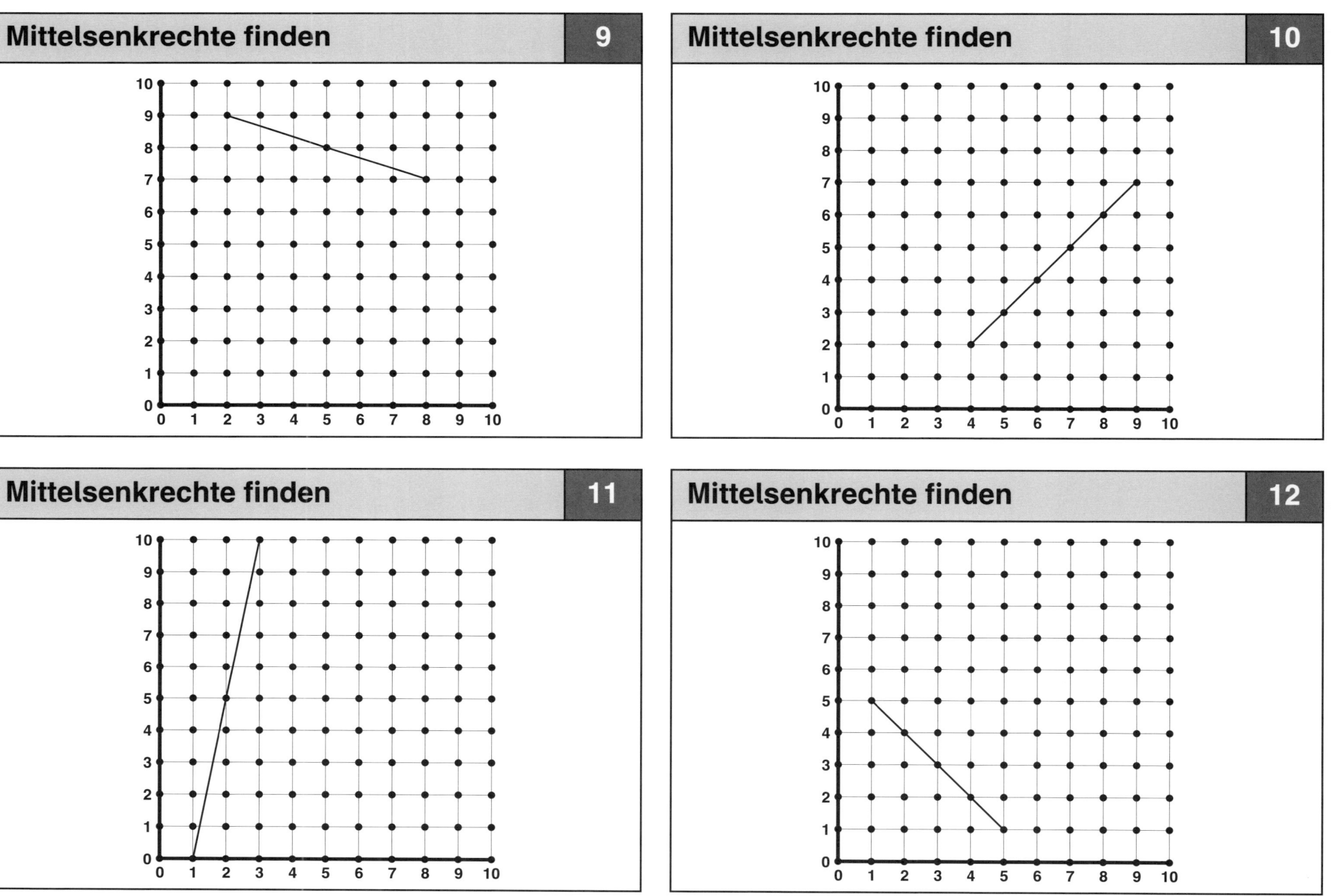

Mittelsenkrechte finden 10

Mittelsenkrechte finden 11

Mittelsenkrechte finden 12

Lösung:

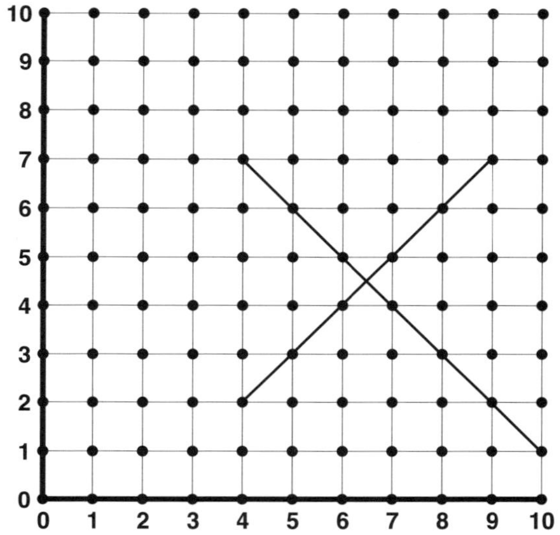

Lösung:

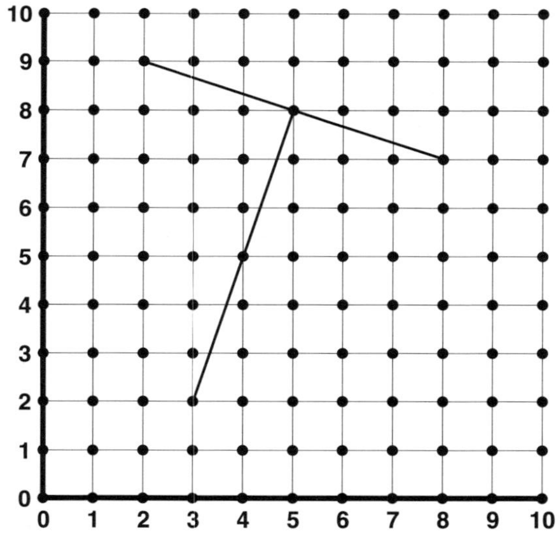

Lösung:

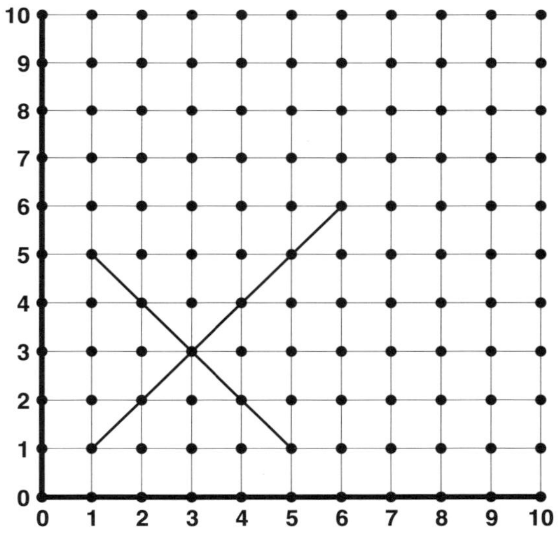

Lösung:

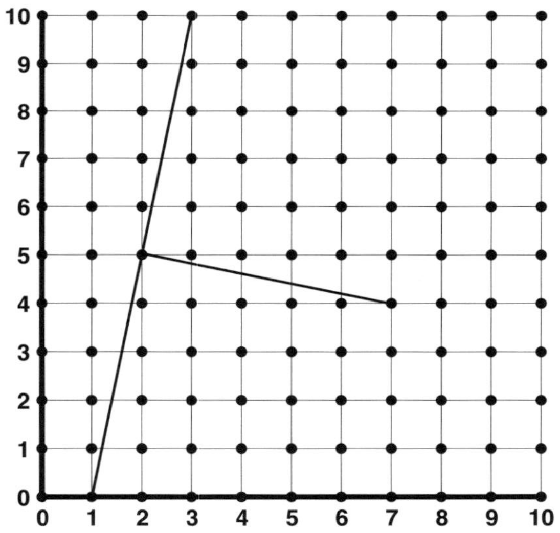

13 Mittelsenkrechte finden

Finde die Mittelsenkrechte zur Strecke $\overline{AB}$ zwischen den Punkten A(4|9) und B(6|1)!

14 Mittelsenkrechte finden

Finde die Mittelsenkrechte zur Strecke $\overline{AB}$ zwischen den Punkten A(1|7) und B(7|9)!

15 Mittelsenkrechte finden

Finde die Mittelsenkrechte zur Strecke $\overline{AB}$ zwischen den Punkten A(0|2) und B(7|9)!

16 Mittelsenkrechte finden

Finde die Mittelsenkrechte zur Strecke $\overline{AB}$ zwischen den Punkten A(8|0) und B(1|7)!

Lösung:

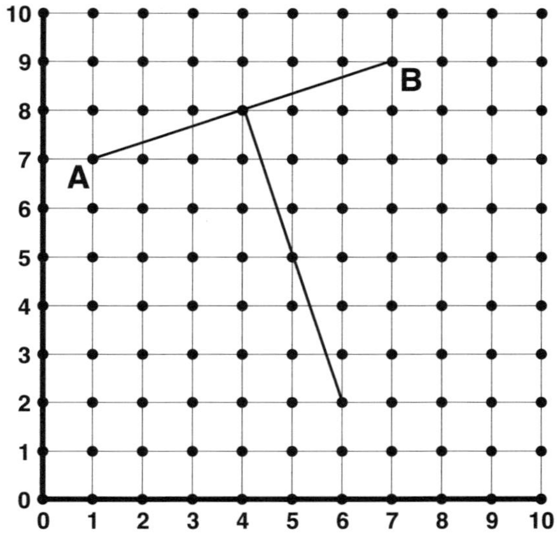

Lösung:

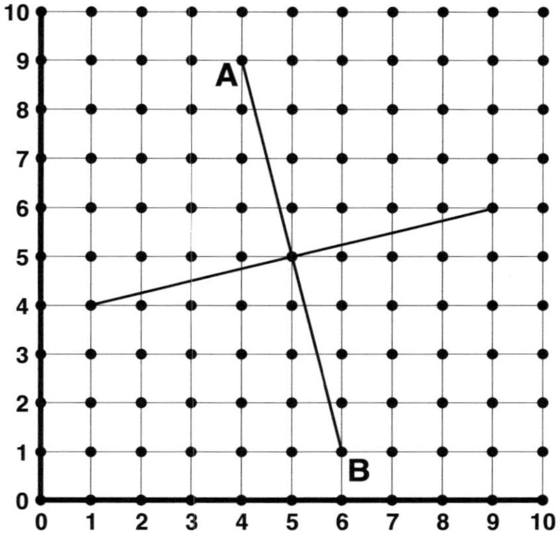

Lösung:

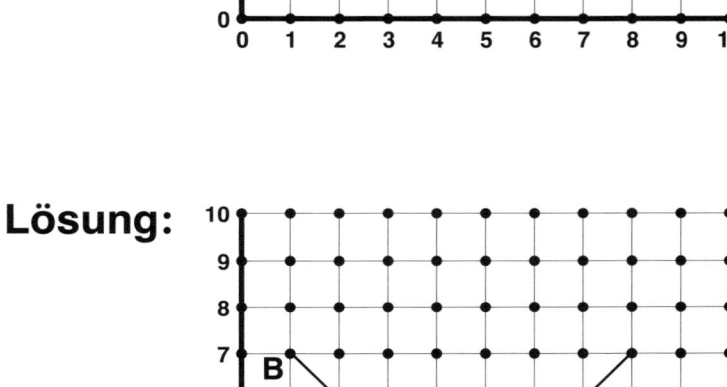

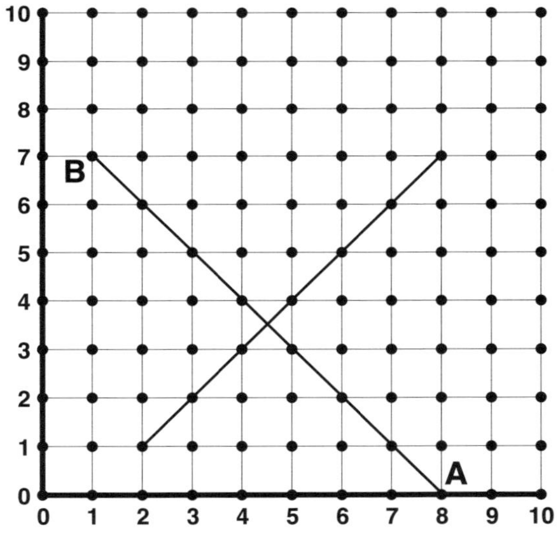

Lösung:

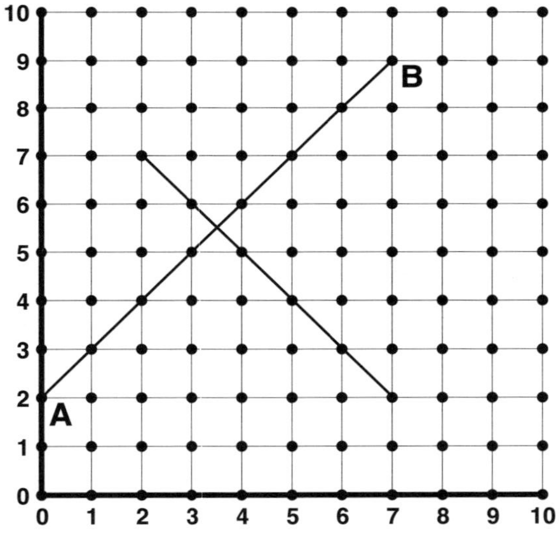

Parallele finden — 1

Finde die Parallele zu $\overline{AB}$ durch den Punkt P(7|6)!

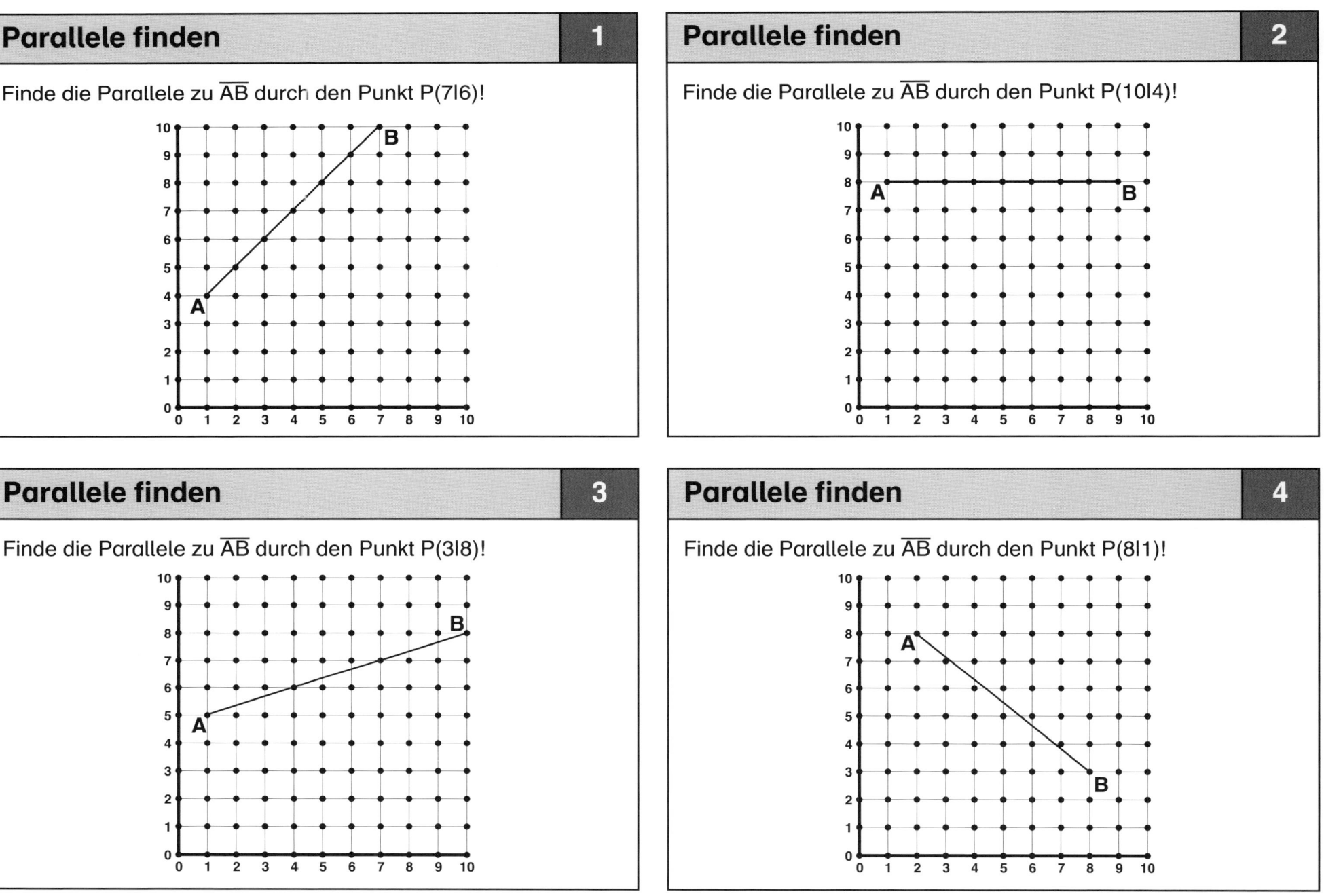

Parallele finden — 2

Finde die Parallele zu $\overline{AB}$ durch den Punkt P(10|4)!

Parallele finden — 3

Finde die Parallele zu $\overline{AB}$ durch den Punkt P(3|8)!

Parallele finden — 4

Finde die Parallele zu $\overline{AB}$ durch den Punkt P(8|1)!

Lösung:

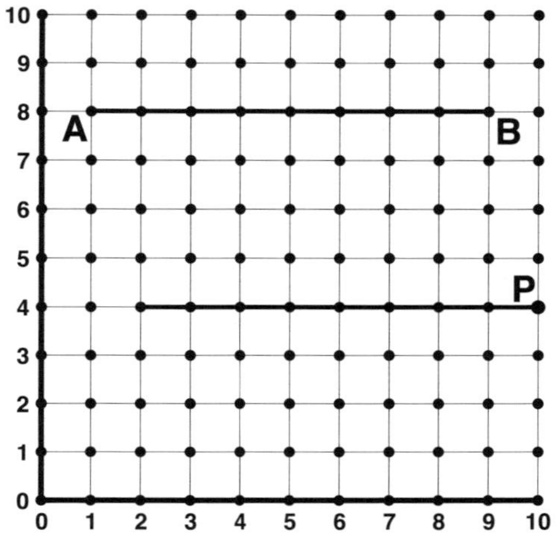

Lösung:

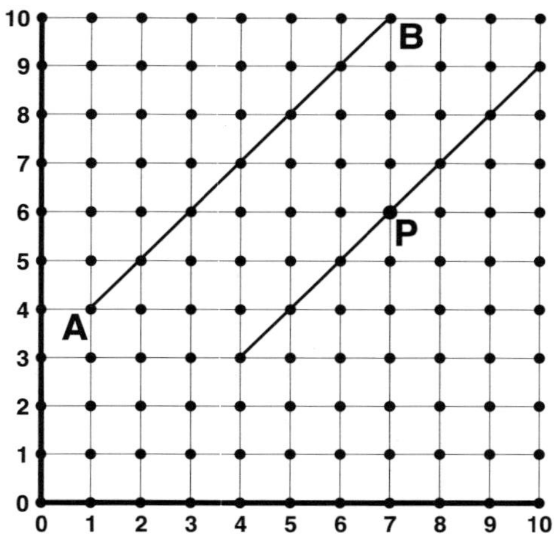

Lösung:

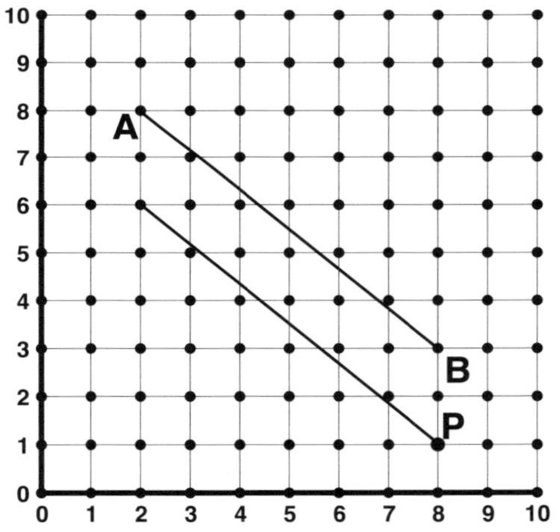

Lösung:

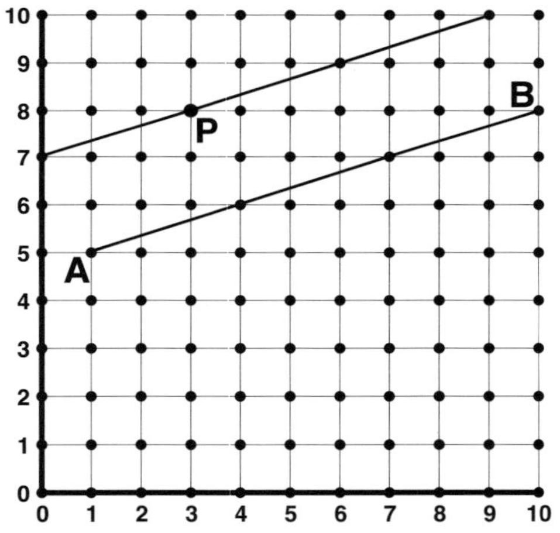

Parallele finden — 5

Finde die Parallele zu $\overline{AB}$ durch den Punkt P(1|8)!

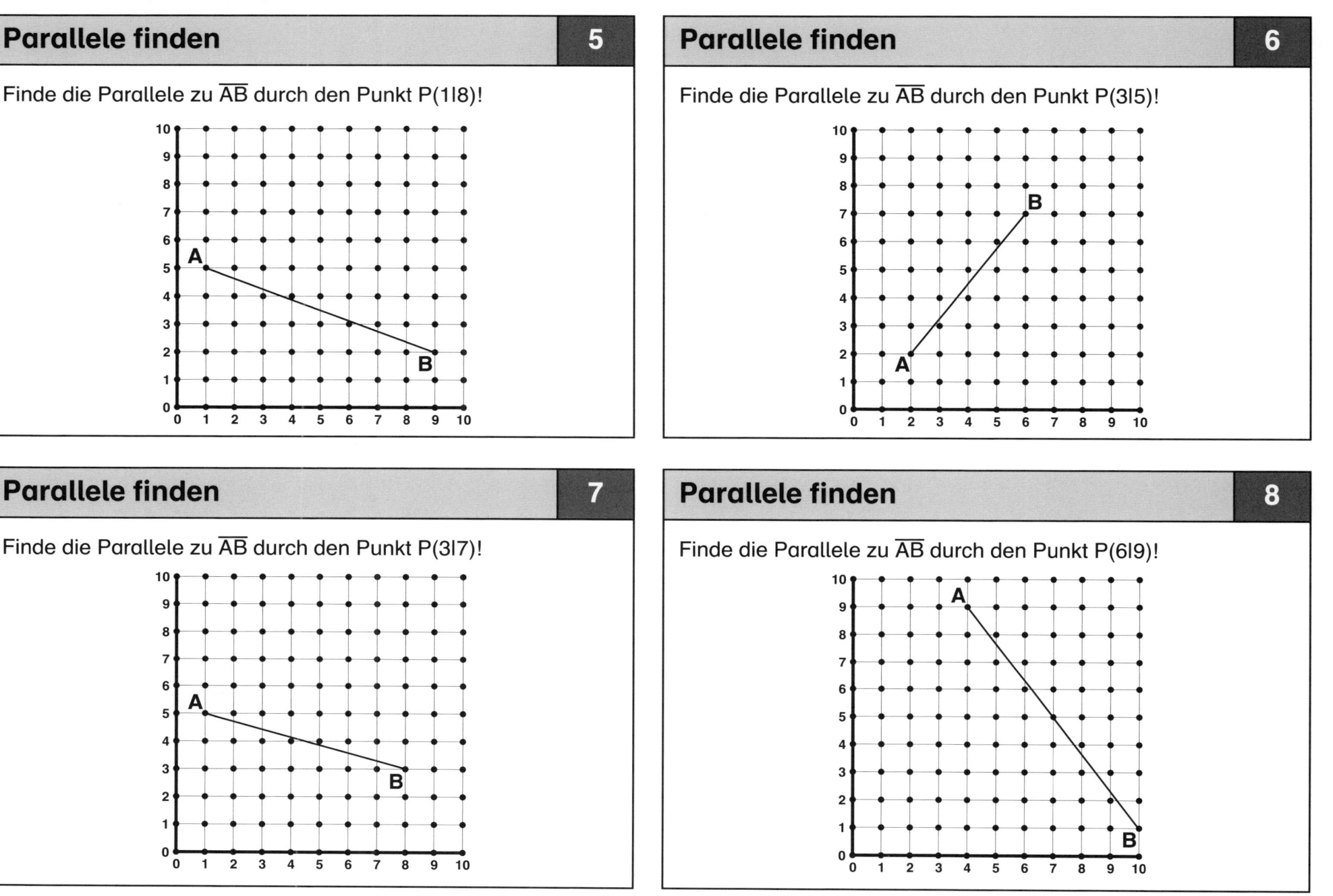

Parallele finden — 6

Finde die Parallele zu $\overline{AB}$ durch den Punkt P(3|5)!

Parallele finden — 7

Finde die Parallele zu $\overline{AB}$ durch den Punkt P(3|7)!

Parallele finden — 8

Finde die Parallele zu $\overline{AB}$ durch den Punkt P(6|9)!

Lösung:

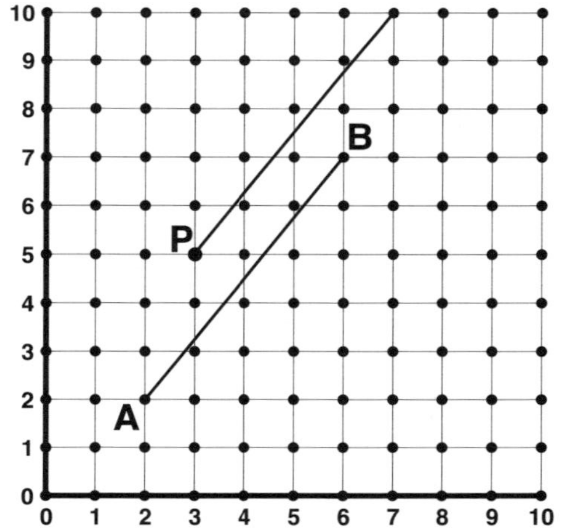

Lösung:

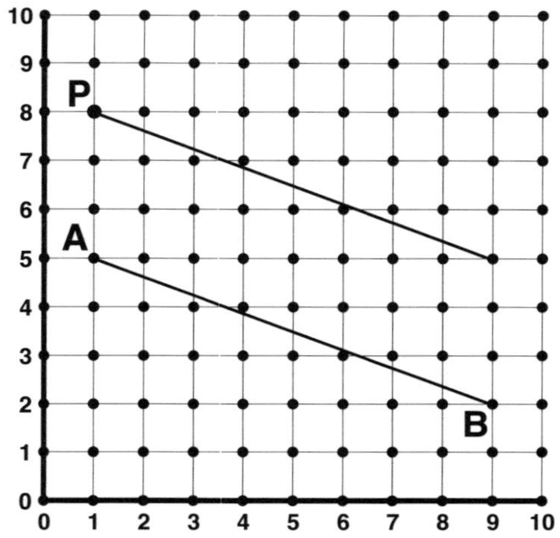

Lösung:

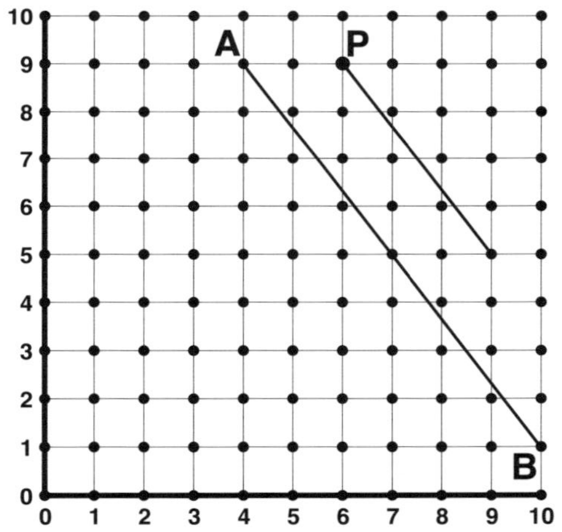

Lösung:

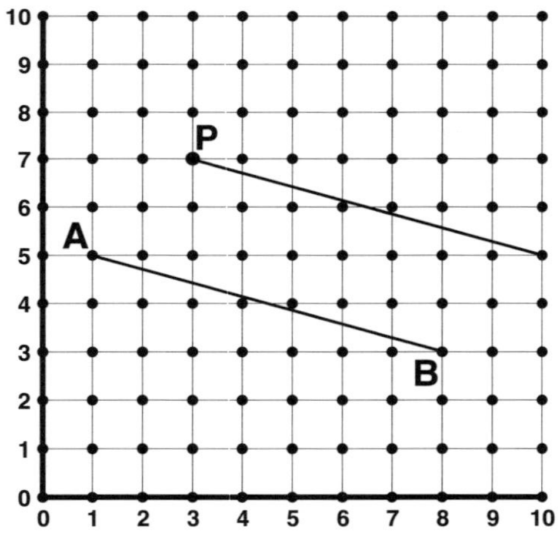

Parallele finden 9

Finde die Parallele zu $\overline{AB}$ durch den Punkt P!

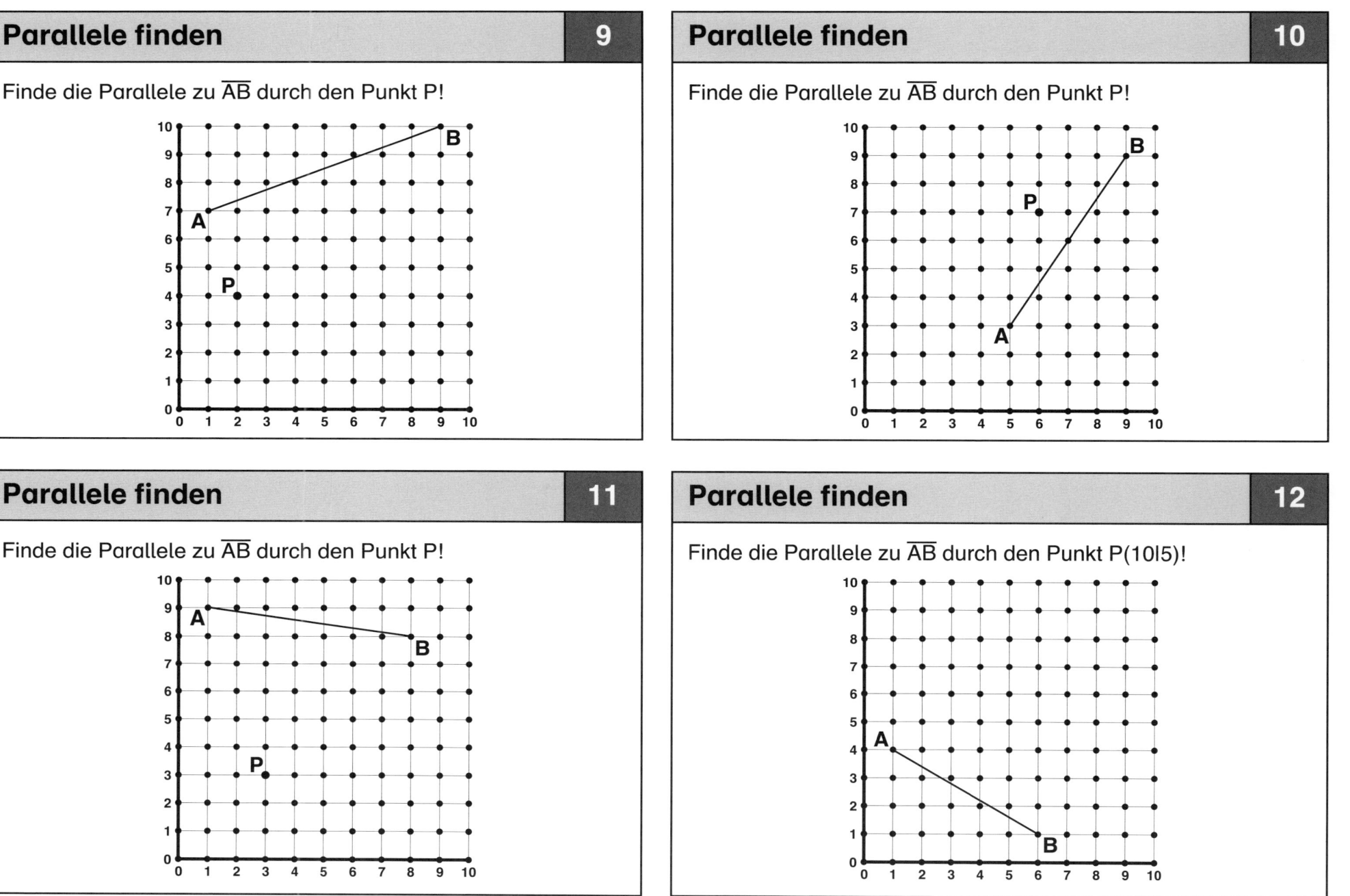

Parallele finden 10

Finde die Parallele zu $\overline{AB}$ durch den Punkt P!

Parallele finden 11

Finde die Parallele zu $\overline{AB}$ durch den Punkt P!

Parallele finden 12

Finde die Parallele zu $\overline{AB}$ durch den Punkt P(10|5)!

Lösung:

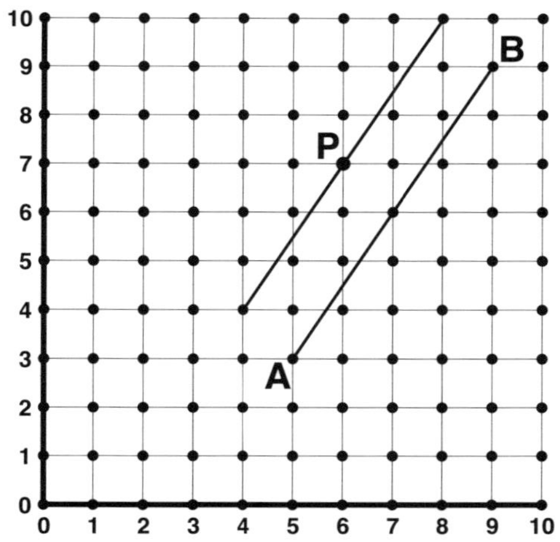

Lösung:

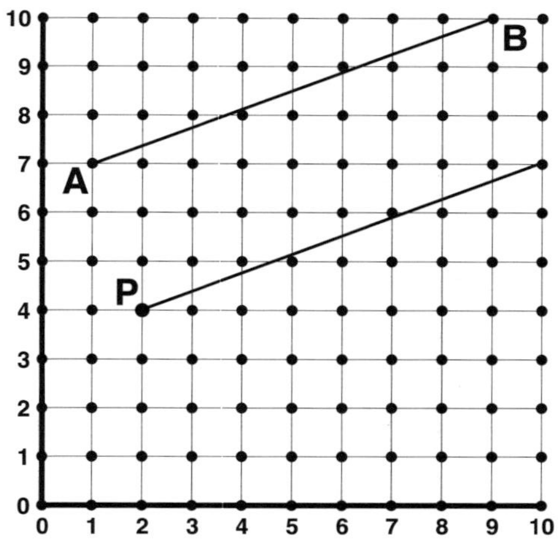

Lösung:

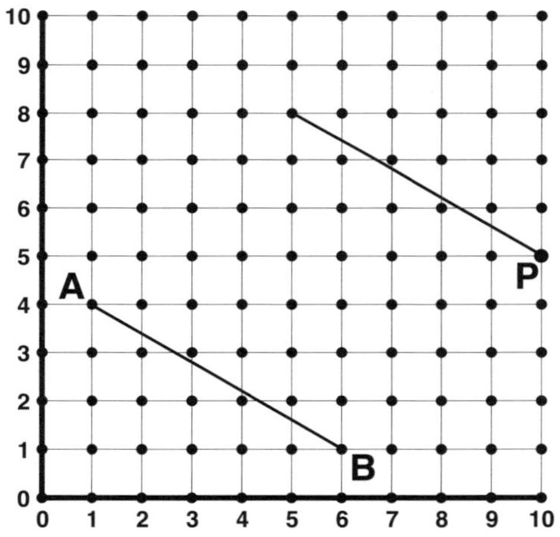

Lösung:

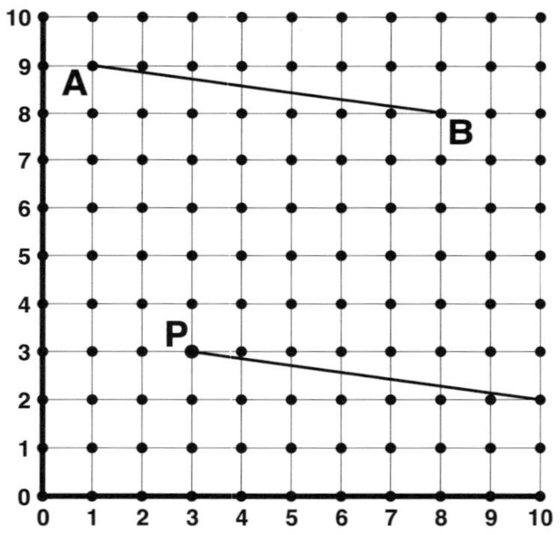

Parallele finden — 13

Finde die Parallele zur Strecke $\overline{AB}$ mit A(2|1) und B(7|5) durch den Punkt P(9|9)!

Parallele finden — 14

Finde die Parallele zur Strecke $\overline{AB}$ mit A(2|3) und B(10|2) durch den Punkt P(1|9)!

Parallele finden — 15

Finde die Parallele zur Strecke $\overline{AB}$ mit A(4|4) und B(5|1) durch den Punkt P(3|10)!

Parallele finden — 16

Finde die Parallele zur Strecke $\overline{AB}$ mit A(1|8) und B(6|1) durch den Punkt P(5|9)!

Lösung:

Lösung:

Lösung:

Lösung:

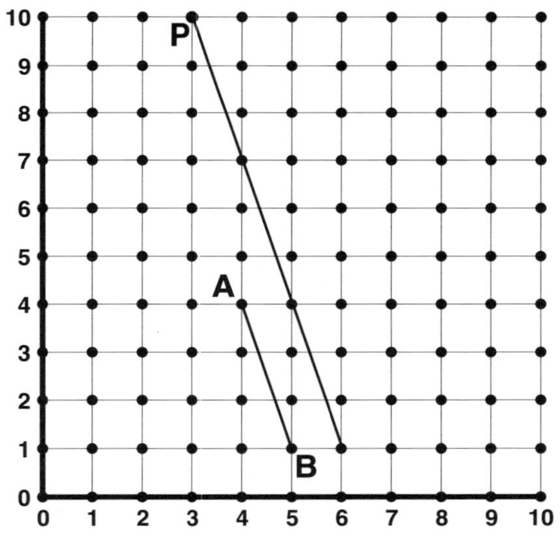

Lüttringhaus: Das große Geobrett · Band 1: Geometrische Konstruktionen
© Brigg Pädagogik Verlag GmbH, Augsburg

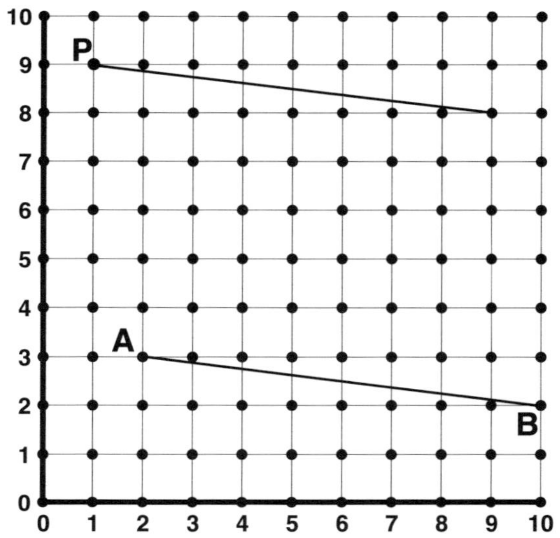

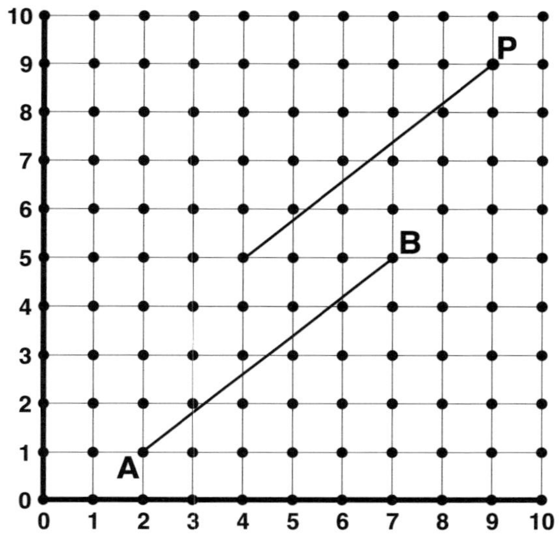

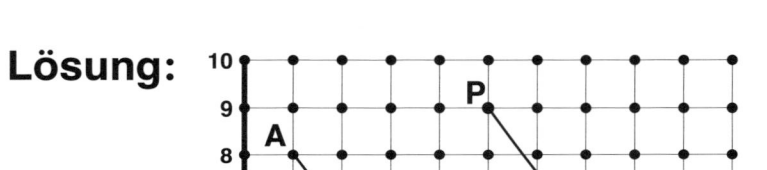

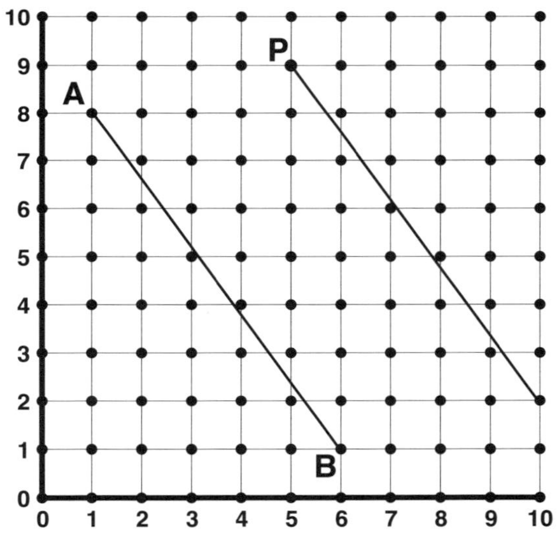

4. Anhang

4.1 Bauanleitung für den Werkunterricht

Schritt 1:
Ein stabgeleimtes Brett mit 30 cm Breite im Baumarkt kaufen.

Schritt 2:
Kanten absägen und Bretter (Maß 29 cm x 29 cm) abschneiden oder im Baumarkt zuschneiden lassen.

Schritt 3:
Die vergrößerte Kopiervorlage auf das Brett kleben.

Schritt 4:
Das Brett mit selbstklebendem Bucheinband einpacken.

Möglichkeit 1:
Mit Nägeln

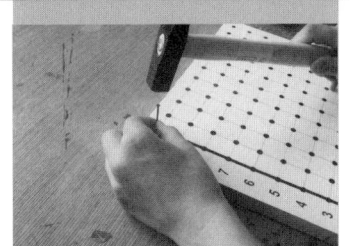

nageln

Möglichkeit 2:
Mit Holzdübeln (4 mm)

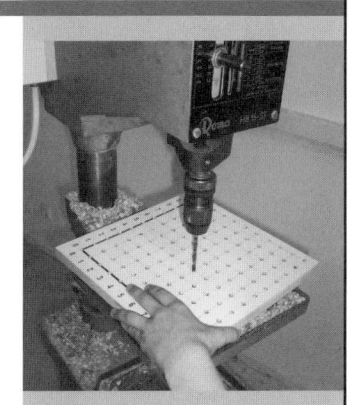

bohren

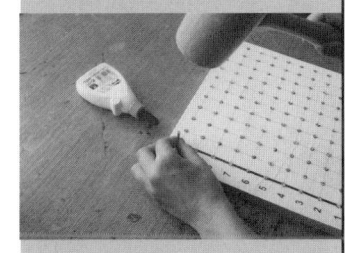

dübeln

Fäden von ca. 70 cm Länge zuschneiden …

… und verknoten.

4.2 Kopiervorlage „Geobrett"

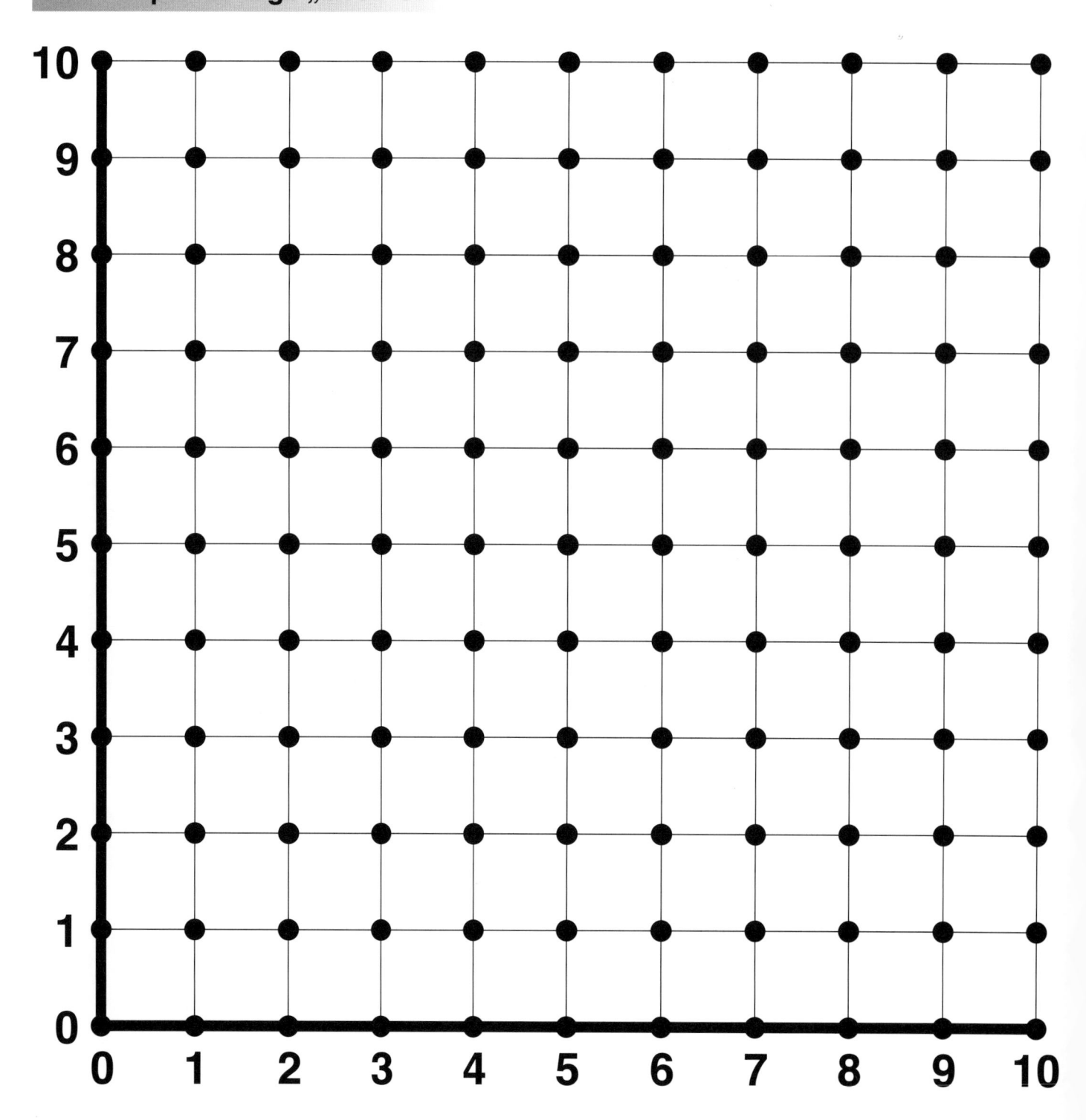

Kopiervorlage „Geobrett" auf DIN A3 vergrößern!

Lüttringhaus: Das große Geobrett · Band 1: Geometrische Konstruktionen
© Brigg Pädagogik Verlag GmbH, Augsburg

Hinweise zur Aufgabenstellung und -bearbeitung:
Räumliches Sehen

1. Spanne die Figur genauso wie auf der Aufgabenkarte!
2. Halte danach das Brett von dir weg und vergleiche dein Ergebnis mit dem Bild auf der Aufgabenkarte!

Hinweise zur Aufgabenstellung und -bearbeitung:
Das Koordinatensystem

1. Spanne ein Vieleck, indem du seine auf der Aufgabenseite angegebenen Eckpunkte in der genannten Reihenfolge miteinander verbindest!
2. Vergleiche dein Ergebnis mit dem Bild auf der Lösungsseite der Aufgabenkarte!

Hinweise zur Aufgabenstellung und -bearbeitung:
Achsenspiegelung horizontal und vertikal

1. Spanne die Figur und die Spiegelachse!
2. Spiegle die Figur an der Spiegelachse!
3. Vergleiche dein Ergebnis mit dem Bild auf der Lösungsseite der Aufgabenkarte!

Hinweise zur Aufgabenstellung und -bearbeitung:
Achsenspiegelung diagonal

1. Spanne die Figur und die Spiegelachse!
2. Spiegle die Figur an der Spiegelachse!
3. Vergleiche dein Ergebnis mit dem Bild auf der Lösungsseite der Aufgabenkarte!

Hinweise zur Aufgabenstellung und -bearbeitung:
Mittelsenkrechte finden

1. Spanne die Strecke $\overline{AB}$!
2. Finde die Mittelsenkrechte!
3. Vergleiche dein Ergebnis mit dem Bild auf der Lösungsseite der Aufgabenkarte!

Hinweise zur Aufgabenstellung und -bearbeitung:
Lot fällen und errichten

1. Spanne die Strecke $\overline{AB}$!
2. Fälle das Lot von dem angegebenen Punkt aus oder errichte es in dem gegebenen Punkt!
3. Vergleiche dein Ergebnis mit dem Bild auf der Lösungsseite der Aufgabenkarte!

Hinweise zur Aufgabenstellung und -bearbeitung:
Parallele finden

1. Spanne die Strecke $\overline{AB}$!
2. Finde die Parallele zur Strecke $\overline{AB}$ durch den Punkt P!
3. Vergleiche dein Ergebnis mit dem Bild auf der Lösungsseite der Aufgabenkarte!

Lüttringhaus: Das große Geobrett · Band 1: Geometrische Konstruktionen
© Brigg Pädagogik Verlag GmbH, Augsburg

BRIGG Pädagogik VERLAG
Der neue Pädagogik-Fachverlag für Lehrer/-innen
Erprobte Unterrichtsideen und direkt einsetzbare Stundenkonzepte!

Petra Pichlhöfer

Mathe ohne Rechnen

40 Denksportaufgaben mit Selbstkontrolle

7. bis 9. Klasse

84 S., DIN A4,
Kopiervorlagen mit Lösungen
Best.-Nr. 331

Die **40 Mathe-Rätsel** begeistern mit spannendster Denkarbeit von Mathe-Begriffen bis zu geometrischen Konstruktionen. **Pfiffige Rätselformen** fördern die Motivation, die Lösungen zu erarbeiten. Das strukturierte Inhaltsverzeichnis informiert über Titel und Themen, Rätselformen und deren Verwendung. Verschiedene Schwierigkeitsgrade unterstützen Sie bei der Differenzierung. Alle Rätsel sind praxiserprobt und für eine **Selbstkontrolle** ausgelegt.

Edith Böhme / Kathrin Grävenstein

Umfang und Flächen von Vierecken

handlungsorientiert erarbeiten

5.–7. Klasse

88 S., DIN A4,
Kopiervorlagen mit Lösungen
Best.-Nr. 355

Acht praxiserprobte Unterrichtsideen zur Geometrie! Mit diesen Materialien lernen Schüler, für sie sonst so abstrakte mathematische Formeln selbstständig herzuleiten – und zwar durch aktive Herangehensweise an konkreten Objekten. Zu jeder Unterrichtsstunde gibt es gut aufbereitete Kopiervorlagen, Lösungen, praktische Tipps und Verlaufspläne, mit denen Lehrkräfte ohne großen Aufwand ihren Unterricht vorbereiten können.

Otto Mayr

Mathematik komplett

Arbeitsblätter, Lernzielkontrollen und Probearbeiten, neue Aufgabenkultur

9. Klasse

208 S., DIN A4
Kopiervorlagen mit Lösungen
Best.-Nr. 337

Materialpaket nach den neuen Prüfungsanforderungen! Dieser Band beinhaltet den kompletten Stoff der 9. Klasse in zwei verschiedenen Anforderungsstufen. Die Arbeitsblätter decken den gesamten Lehrplaninhalt ab. Mit Lernzielkontrollen für jeden Themenkomplex!

Renate Potzmann

Methodenkompetenz und Lernorganisation

Planvolles Lernen und Arbeiten in der Schule und zu Hause

140 S., DIN A4,
Kopiervorlagen
Best.-Nr. 263

Fächerunabhängiges Programm zum Erwerb von Lernkompetenz. Mit zahlreichen, in sich abgeschlossenen Trainingsvorlagen und Übungen zu Lernorganisation, Informationsbeschaffung, -aufbereitung und -verarbeitung, Arbeits-, Zeit- und Lernplanung.

Weitere Infos, Leseproben und Inhaltsverzeichnisse unter
www.brigg-paedagogik.de

Bestellcoupon

Ja, bitte senden Sie mir / uns mit Rechnung

_____ Expl. Best.-Nr. _____

_____ Expl. Best.-Nr. _____

_____ Expl. Best.-Nr. _____

_____ Expl. Best.-Nr. _____

Meine Anschrift lautet:

Name / Vorname

Straße

PLZ / Ort

E-Mail

Datum/Unterschrift   Telefon (für Rückfragen)

Bitte kopieren und einsenden/faxen an:

**Brigg Pädagogik Verlag GmbH
zu Hd. Herrn Franz-Josef Büchler
Zusamstr. 5
86165 Augsburg**

☐ Ja, bitte schicken Sie mir Ihren Gesamtkatalog zu.

Bequem bestellen per Telefon / Fax:
Tel.: 0821/45 54 94-17
Fax: 0821/45 54 94-19
Online: www.brigg-paedagogik.de

BRIGG Pädagogik VERLAG

Der neue Pädagogik-Fachverlag für Lehrer/-innen
Komplett erstellte Kopiervorlagen für den Mathematikunterricht!

Werner Freißler / Otto Mayr

Bildungsstandards Mathematik

Testaufgaben für alle weiterführenden Schularten

8. Klasse
140 S., DIN A4,
Kopiervorlagen
mit Lösungen
Best.-Nr. 374

9. Klasse
140 S., DIN A4,
Kopiervorlagen
mit Lösungen
Best.-Nr. 253

10. Klasse
140 S., DIN A4,
Kopiervorlagen
mit Lösungen
Best.-Nr. 254

Diese fertig erstellten Testaufgaben mit Lösungen beinhalten **Aufgaben verschiedener Schwierigkeitsgrade**. Die Angabe der jeweiligen Kompetenz und Leitidee ermöglichen eine Leistungsdifferenzierung und unterstützen Sie bei der Bestimmung des nötigen Förderbedarfs und der individuellen Hilfestellung für jeden Schüler. Gute Prüfungsleistungen und die Transparenz des Leistungsstands gegenüber den Eltern sind so gewährleistet.

Weitere Bände sind bereits in Vorbereitung!

Otto Mayr

Neue Aufgabenformen im Mathematikunterricht

Aufgaben vernetzen – Probleme lösen – kreativ denken

7.–9. Klasse
168 S., DIN A4
Kopiervorlagen
mit Lösungen
Best.-Nr. 276

10. Klasse
96 S., DIN A4
Kopiervorlagen
mit Lösungen
Best.-Nr. 359

Aufgabensammlungen zum neuen Ansatz nach PISA. **Mit allen neuen Aufgabenformen**, Kopfrechnen, Kopfgeometrie und den neuen Prüfungsaufgaben. Sie stärken grundlegende mathematische Kompetenzen, fördern das **Mathematisieren von Sachverhalten** und greifen das Vorwissen der Schüler auf. Die Bände enthalten die **von den Kultusministerien vorgegebenen Prüfungsinhalte**.

Weitere Infos, Leseproben und Inhaltsverzeichnisse unter
www.brigg-paedagogik.de

Bestellcoupon

Ja, bitte senden Sie mir / uns mit Rechnung

_____ Expl. Best.-Nr. _____
_____ Expl. Best.-Nr. _____
_____ Expl. Best.-Nr. _____
_____ Expl. Best.-Nr. _____

Meine Anschrift lautet:

_____
Name / Vorname

_____
Straße

_____
PLZ / Ort

_____
E-Mail

_____
Datum/Unterschrift   Telefon (für Rückfragen)

Bitte kopieren und einsenden/faxen an:

**Brigg Pädagogik Verlag GmbH
zu Hd. Herrn Franz-Josef Büchler
Zusamstr. 5
86165 Augsburg**

☐ Ja, bitte schicken Sie mir Ihren Gesamtkatalog zu.

Bequem bestellen per Telefon / Fax:
Tel.: 0821 / 45 54 94-17
Fax: 0821 / 45 54 94-19
Online: www.brigg-paedagogik.de